本丛书为

教育部哲学社会科学研究重大课题委托研究项目

"中国共产党百年教育史研究"成果之一

# "中国教育现代化2035战略与政策研究丛书"总目

1. 中国教育现代化的形势与任务研究　　　　　　朱旭东、薛二勇　等著
2. 发展中国特色世界先进水平优质教育的战略与政策　　　李芒　等著
3. 推动各级教育高水平高质量普及的战略与政策　　张志勇、杨玉春　等著
4. 基本公共教育服务均等化的战略与政策　　　　　　　薛二勇　等著
5. 构建服务全民终身学习体系的战略与政策　　　　　　张伟远　等著
6. 提升一流人才培养与创新能力的战略与政策　　　　　周海涛　等著
7. 建设高素质专业化创新型教师队伍的战略与政策　李琼、宋萑、廖伟　等著
8. 推进信息时代教育发展与变革的战略与政策　　　　　余胜泉　等著
9. 开创教育对外开放新格局的战略与政策　　　　刘宝存、张继桥　等著
10. 推进教育治理体系和治理能力现代化的战略与政策　余雅风、刘水云　等著

# "中国教育现代化2035战略与政策研究丛书"
# 编写出版委员会

**总 顾 问** 顾明远 钟秉林 殷忠民 黄 强
**主　　任** 朱旭东 郭 戈
**副 主 任** 薛二勇 王永强

**主　　编** 朱旭东
**编　　委**（按姓名汉语拼音排序）

陈建峰　程　军　冯卫斌　龚鹏飞　韩华球
胡兰江　焦　艳　李　红　李　芒　李　琼
李云龙　刘宝存　刘立德　陆　洋　秦光兰
王　鑫　王永强　夏华香　薛二勇　余胜泉
余雅风　曾红梅　张华娟　张丽娜　张伟远
张晓东　张志勇　周海涛　宗世哲

**丛书责编** 韩华球　刘立德　李云龙
**本册责编** 龚鹏飞

中国教育现代化2035战略与政策研究丛书　朱旭东◎主编

# 提升一流人才培养与创新能力的战略与政策

周海涛◎等著

中国教育出版传媒集团
人民教育出版社
·北京·

图书在版编目（CIP）数据

提升一流人才培养与创新能力的战略与政策/周海涛等著. — 北京：人民教育出版社，2022.1
（中国教育现代化2035战略与政策研究丛书/朱旭东主编）
ISBN 978-7-107-36501-0

Ⅰ.①提… Ⅱ.①周… ②朱… Ⅲ.①教育现代化－发展战略－研究－中国 Ⅳ.①G52

中国版本图书馆CIP数据核字（2022）第028104号

**提升一流人才培养与创新能力的战略与政策**

| | |
|---|---|
| 出版发行 | 人民教育出版社 |
| | （北京市海淀区中关村南大街17号院1号楼　邮编100081） |
| 网　　址 | http://www.pep.com.cn |
| 经　　销 | 全国新华书店 |
| 印　　刷 | 北京盛通印刷股份有限公司 |
| 版　　次 | 2022年1月第1版 |
| 印　　次 | 2022年4月第1次印刷 |
| 开　　本 | 787毫米×1092毫米　1/16 |
| 印　　张 | 16.25 |
| 字　　数 | 193千字 |
| 印　　数 | 0 001～1 500册 |
| 定　　价 | 57.00元 |

版权所有·未经许可不得采用任何方式擅自复制或使用本产品任何部分·违者必究
如发现内容质量问题、印装质量问题，请与本社联系。电话：400-810-5788

# 总序：构建社会主义现代化强国所需要的高质量教育体系

为进一步认真贯彻落实习近平新时代中国特色社会主义思想和党的十九大以及十九届二中、三中全会等重要会议精神，2019年2月中共中央、国务院印发了《中国教育现代化2035》，并要求各地区各部门结合实际认真贯彻落实。

为更好地发挥北京师范大学中国教育与社会发展研究院作为国家高端智库培育单位的决策咨询、政策解读、舆论引领等作用，促进国家重大教育战略与规划的落实和执行，我们决定组织撰写"中国教育现代化2035战略与政策研究丛书"。

《中国教育现代化2035》确定了中国面向未来的教育战略实施目标。到2035年，中国教育要实现现代化总体目标，这个总体目标体现在两个方面：一方面，实现教育自身的现代化，使立德树人的根本任务得以完全落实，使党的教育方针得到全面贯彻，实现教育强国和人民满意的教育的国家和社会目标；另一方面，现代化教育可以支撑起中国国家现代化，尤其为中华民族伟大复兴起到保驾护航的作用。

《中国教育现代化2035》规划了中国面向未来的教育战略实施的进程。到2035年，教育现代化目标的实现过程，既体现在教育的现代化过程中，也体现在不断满足国家现代化需要的过程中。教育现代化的过程是一个不断推进教育优质均衡发展的过程，是一个高质量教育体系不断建构和完善的过程；满足国家现代化需要的过程是一个通过教育促进国家建设社会主义现代化强国的过程。

《中国教育现代化2035》明确了中国面向未来的教育战略实施的方向。到2035年，构建起满足社会主义现代化强国所需要的完备教育体系。党的十九届五中全会审议通过的《中共中央关于制定国民经济和社会发展第十四个五年规划和二〇三五年远景目标的建议》，提出建成富强民主文明和谐美丽的社会主义现代化强国的宏伟目标。这一远景目标是对党的十八大所提出的"全面落实经济建设、政治建设、文化建设、社会建设、生态文明建设五位一体总体布局"的进一步强化。习近平总书记在党的十九大报告中指出，"建设教育强国是中华民族伟大复兴的基础工程，必须把教育事业放在优先位置"，党的十九届五中全会第一次明确提出"建设高质量教育体系"。高质量教育体系是全面建设社会主义现代化强国的关键所在，教育体系要为社会主义现代化强国服务。

## 一、构建一个促进人的现代化需要的五育并举的教育体系

国家的现代化首先是人的现代化。落实党的教育方针，开展德智体美劳全面发展教育，培养社会主义建设者和接班人，也要基于人的现代化，而人的现代化需要通过"五育"来实现。习近平总书记在全国教育大会上强调，要在党的坚强领导下，全面贯彻党的教育方针，培养德智体美劳全面发展的社会主义建设者和接班人。人的全面发展需要全面发展的教育，为此，需要构建一个五育并举的教育体系。德育、智育、体育、美育、劳动教育是教育的内涵，而不是人的发展的内涵，不是学生发展的内涵。人的发展的内涵是认知和情感发展，是道德和公民性

发展，是个性、社会性与人格发展，健康和安全发展，艺术和审美发展。①五育并举虽然不是人的全面发展内涵，却是基于和促进人的全面发展。因此，从人的全面发展内涵来看，五育并举，应由道德和公民性教育、社会性和情感教育、脑智教育、健康和安全教育、艺术和审美教育构成。

构建一个促进道德和公民性发展的"德育"体系。在党和国家的教育方针中，"德"是第一位的，事实上，从人的发展的价值来说，"德"必须放在第一位。在中国国情背景下，"德"不仅仅指道德发展，还指思想政治、法制素养，特别是对中国共产党和国家政治制度的认同和忠诚，以及对民族、国家和文化的认同。这里从心理学和伦理学视角来谈道德发展及其教育，把思想政治、法制素养放到公民性发展里来谈。公民性发展是指儿童的公民意识、思维、认知以及公民行为能力的成长过程。它是现代民族国家范畴内的资格身份塑造，也是政治思想意识的形成，又是民族、国家、文化的认同建构，更是法律意义上权利、责任和义务的养成过程。

教育的根本任务是立德树人，这是教育的总目标。根据这个目标，我们要构建促进道德和公民性发展的教育体系。这个体系由基于伦理内容和心理过程的道德教育体系，基于中国历史和国家发展的思想政治教育体系，基于民族认同、国家认同、文化认同的核心价值观教育体系，以及基于权利、责任和义务的法制教育体系构成。

"德育"体系还应促进学生的社会性和情感发展，为此，需要建立一个社会性和情感教育体系作为"德育"体系的补充。虽然社会性和情

---

① 朱旭东. 论教师专业发展的理论模型建构［J］. 教育研究，2014（6）：81-90.

感教育在传统的德育中也有涉及，但不够系统、不够突出，没有把它作为一个重要的维度彰显出来。我国社会主义现代化建设需要人才，更需要凝聚人才，把各种人才凝聚到实现中国梦这一历史使命上来。而社会性和情感作为人全面发展的重要维度之一，情感是社会团结协作的黏合剂，对凝聚人心、增进身份认同、提升文化自信具有重要作用。因此，社会性和情感教育应在五育并举中占有一席之地。在社会性和情感教育中促进学生社会性的健全发展，增进学生对国家与民族的感情。

构建一个促进脑智发展的"智育"体系。"脑智"主要是指人脑发育和心智发展两个部分，心智与认知密切联系。过去主要强调的智育，虽然在教育中占有重要地位，但主要是从知识和心理角度强调智育的重要性，因而致使脑育并没有得到重视。而大脑是人的智力发展依存的最重要的物质基础和生理基础。从人的全面发展视角来看，健全的、真正的智育应注重脑育。虽然脑科学与教育作为新兴研究领域日益受到国际的重视，但在我们的教育体系中，对脑育仍重视不足。在新的五育并举的教育体系中，我们需要把智育与脑育结合起来，把传统的智育拓展升级为新智育，即"脑智教育"。何谓"脑智教育"？它是指在继承传统智育优点的基础上开展的，基于脑、开发脑、脑智融合的教育。以脑神经学为代表的脑科学将成为脑智教育重要的学科基础，脑育是脑智教育的重要内涵。脑育强调以科学的方法开发脑，以人文精神关爱脑，以教育理念成就脑。

构建一个促进健康和安全发展的"体育"体系。健康和安全教育过去是没有纳入全面发展教育中的，尽管体育承担着健康教育部分，可是体育主要是培养学生的运动素养，促进身体锻炼，但健康教育远不止身体锻炼，而是涉及更广的范围。例如还包括促进身体健康发展的饮食教育等。如果说健康是人全面发展的重要身体基础，那么安全就是人全面发展的重要前提。因此，健康和安全教育也应是全面发展教育的重要内涵。在过去的全面发展教育体系中，安全教育并没有明确列入，尽管学校教育中会涉及安全教育，但不系统，更没有从五育并举的高度来重视安全教育。①

构建一个艺术和审美发展的"美育"体系。五育并举中虽然提到美育，但艺术和审美教育缺乏儿童成长的规律研究。当今受过从幼儿园到高中乃至大学的艺术和审美教育后，却没有掌握一门艺术技能的学生大有人在，因此学生的艺术和审美素养需要大力提高。在五育并举的教育体系中，要重视艺术和审美教育，把艺术和审美教育从娃娃抓起，以提高整体国民的现代审美素养。

构建一个对儿童全面发展起到独特作用的"劳动教育"体系。劳动教育的独特价值不仅在于培养儿童的劳动观念、劳动态度、劳动情感、劳动技能和劳动价值观，而且可以促进儿童的道德和公民性发展、社会性和情感发展、脑智发展、健康和安全以及艺术和审美素养发展。鉴于劳动教育具有促进儿童发展的综合性价值，我们需要构建一个有助于儿童综合发展的劳动教育体系。

上述道德和公民性教育、社会性和情感教育、脑智教育、健康和安全教育、艺术和审美教育是我们对德智体美劳五育认识的进一步深化，由此构建一个为社会主义现代化人才强国所需要的更为全面、更具内涵的五育并举的教育体系，使学生的文明素养、社会责任意识、实践本领、身体素质和心理健康水平等都得到提升，以切实促进人的现代化。

---

① 要构建一个保障儿童身心健康的教育体系，它是由体育、心育和食育构成的，致力于儿童的运动、心理和养生的知识、能力和伦理的培养。

## 二、构建一个促进社会经济现代化需要的完备成熟的混合教育形态体系

构建社会主义现代化建设所需的教育体系,不仅需要在教育内涵方面五育并举,而且需要一个完备、成熟的教育形态体系,以促进社会经济发展,建设具有社会主义新型工业化、信息化、城镇化和农业现代化特征的经济强国。这个完备成熟的教育形态体系应该由四个部分构成,它们是学校教育体系、家庭教育体系、社会教育体系和三位一体、线上线下结合的教育体系。改革开放四十多年来,我国已经建成了世界最庞大的教育体系,为国家社会主义现代化建设奠定了坚实的教育基础,未来这个体系需要更加完善。

学校教育体系方面,需要从纵、横两个方向进一步完善。纵向方面,需要向两端进一步延伸发展,应抓住早教和老年教育这两个薄弱环节。具体而言,需要填补0—3岁托幼教育体系,通过政府和社会双轨制建立起来,推动义务教育均衡发展和城乡一体化发展,促进学前教育普惠性高质量发展;同时,进一步发展和完善老年大学、老年闲暇教育等。横向方面,学校教育应向多元、开放、特色与提质、升级方面进一步发展。例如,要强调初中阶段的公立义务教育;要打破普职高中教育双轨体系,建立综合、专门、特殊、英才(科技高中、技术高中、艺术高中、精英高中)等具有多样性特征的高中教育体系,尤其要建立科技高中,为建设社会主义现代化科技强国打下基础;要把特殊教育体系转变与升级为全纳融合教育体系。特别是,要大力发展高等专业教育体系。现代化国家建设的过程就是从普通劳动力为主的劳动力市场,向专业性劳动力为主的劳动力市场转化的过程,只有建立专业教育体系,才能满足普通劳动力市场日益向专业性劳动力市场转型与升级的需求。

"作为为专门职业培养专门人才的专业教育,'专门职业'指向性是其本质属性,其基本特征是实践性、研究性、复合性和终身性,与职业高等教育相比,研究性与复合性是其根本性特征。"① 因此,一方面,要加大人力资本投入,增强职业技术教育的适应性,深化职普融通、产教融合、校企合作,探索中国特色的学徒制,大力培养技术技能人才;另一方面,要将传统的职业高等教育升级为专业高等教育,支撑起现代化国家建设对创新型、专业化、高素质劳动力的要求。要提高高等教育质量,分类建设一流大学和一流学科。我国要构建一个由工程师教育体系、医师教育体系、教师教育体系、律师教育体系、社区管理教育体系等构成的高等专业教育体系,并构建该专业教育体系的目标、课程与教学、师资队伍,加快培养理工农医类专业的紧缺人才。

家庭教育是我国教育形态中一个相对薄弱的体系。为了帮助幼儿扣好人生的第一粒扣子,不仅需要每位家长重视家庭教育,更需要建构适切的家庭教育体系。鉴于家庭的社区性和生活性,家庭教育体系建构需要获得社区的充分支持。"为完善幼儿家庭教育的社区支持,政府需要完善社区支持制度与经费保障机制;社区需要加强重视,丰富支持内容与形式;管理部门需要对社区支持状况加强评估与监测。"② 也就是说,需要建构社区家庭教育指导与服务体系。此外,针对家庭教育的生活性,需要建构打破现实时空界限的家庭网络教育体系,以实现随时随地都能进行家庭教育。概言之,我们需要以社区家庭教育指导体系和网络

---

① 徐今雅,朱旭东. "专业教育"辨析——兼论专业教育与高等职业教育的关系[J]. 复旦教育论坛, 2007 (6): 29-34.
② 李晓巍,刘倩倩,王梦柯. 幼儿家庭教育的社区支持指标体系:构建与应用[J]. 教育学报, 2019 (2): 66-76.

教育体系为两翼，推进家庭教育体系建构，健全学校、家庭、社会协同育人机制。

相对于学校教育体系，我们的社会教育体系建构显得滞后与不足。社会教育体系需要充分发挥社会文化机构和文化环境的教育作用，协同学校教育与家庭教育，共同致力于为社会主义现代化建设培养人才。如果说学校教育体系更多是一种知识传播教育，那么文化环境则更多是一种文化体验教育。在社会教育体系中，要构建校外教育体系、博物馆教育体系、红色革命基地教育体系，同时还要构建一个公益慈善教育体系或者社会支持公益教育体系。

三位一体的教育形态体系同时应该有线上教育体系。在信息化、数字化、网络化的时代背景下，我国需要大力发展线上教育体系，构建线上线下混合学习体系。线上教育体系，是一种新型的教育体系。与学校教育体系、家庭教育体系和社会教育体系相比，它具有开放性与兼容性。它既能打破家庭教育、学校教育与社会教育的时空局限，又能渗透与融合学校教育体系、家庭教育体系和社会教育体系，促使其他三大教育形态实现数字化升级与完善。

### 三、构建一个促进人类命运共同体需要的国际教育体系

社会主义现代化强国，不是霸权强国，而是秉承"命运共同体"精神的友善型、文明型强国。它强调"中国梦"与"世界梦"美美与共。我国社会主义现代化强国建设，需要构建促进人类命运共同体需要的国际教育体系。

首先，促进人类命运共同体需要的国际教育体系，是教育强国重要的组成部分。纵观世界，美国、日本等教育强国，都有一整套国际教育

体系，从国际教育理念到国际教育实践，从国际教育法到国际教育政策，从国际学校到国际教育项目，从国际教育引进到国际教育输出，从民间国际教育力量到政府国际教育支持，都体现了一个强国应当具有的国际教育质量。而我国虽然在国际教育方面取得了长足进步，但与世界教育强国的国际教育体系相比，仍存在一定的差距，因此需要大力推进我国的国际教育体系建设。

其次，构建促进人类命运共同体需要的国际教育体系，是现代国际政治强国建设的内在要求。世界教育强国之所以有完备的国际教育体系，是因为它们有国际地位提升的内在需要。而随着我国国际地位的不断提升，我国也需要构建一套完备的国际教育体系。我国已经成为全球最大的出境游输出国，全球最大的消费市场，全球最大的制造"王国"。我国拥有全球最高效、最齐全的产业链集群，全球最具性价比的制造系统。此外，世界还初步形成了对中国力量的依赖，包括从技术到资本再到市场的综合依赖，以及对人力资源的依赖等，但这种依赖还是初级阶段的，必须提质增效，以期实现全球对中国高层次与高质量的依赖。达成这一目标，不仅要讲好中国发展故事，讲好与世界相处的内外关系故事，讲好中国对世界产生影响的故事，更重要的是要加快实施文化国际化战略，实现文化产品的国际输出，同时深度推进企业全球化和国际化，正如习近平总书记提出的，要推动构建人类命运共同体，落实"一带一路"倡议，使中国早日成为国际政治强国。这一切都离不开国际教育体系的整体构建。

我国需要构建什么样的国际教育体系呢？首先，我们需要构建以人类命运共同体为思想依据的国际教育理念。人类命运共同体是一种新型文明观，一种正确的义利观，一种新型国际秩序观。①它强调人类共在、共存与共发展。它对我国高等教育国际合作具有重要的规范和引领作用。②不仅如此，它对我国国际教育也具有重要指导意义。以人类命运共同体为指导理念的国际教育，更能彰显我国作为新型文明国家的精神风貌。其次，制定符合我国实际的国际教育法。国际教育法是国际教育发展重要的法律保障。1966年，美国出台了《国际教育法》，该法在美国国际教育史上占有极其重要的位置，为美国国际教育进入制度层面提供了法律依据。我国也需要以人类命运共同体为指导思想，制定一部符合时代要求与国情的国际教育法。最后，构建"引进来、走出去"的双向国际学校教育体系，全面构建矢志影响世界的中国文化传播的教育目标、课程和教学、师资等体系。概言之，我们需要从理念、法规与学校教育体系等一系列维度，建构起完备的、成熟的国际教育体系，以促进人类命运共同体和社会主义现代化政治强国建设。

### 四、构建一个促进社会主义现代化文化的互联网、人工智能环境下的数字化教育体系

社会主义现代化强国必须是一个文化强国，其核心是学习型强国。学习型强国是对学习型社会建设的继承与发展。学习型社会的本质是以学习求发展。③学习型强国也是以学习求发展，但立意更加高远，我国

---

① 徐艳玲，李聪. "人类命运共同体"价值意蕴的三重维度[J]. 科学社会主义，2016(3)：108-113.
② 周作宇，马佳妮. 人类命运共同体：高等教育国际合作的价值坐标[J]. 教育研究，2017(12)：42-50.
③ 顾明远，石中英. 学习型社会：以学习求发展[J]. 北京师范大学学报（社会科学版），2006(1)：5-14.

学习型社会建设主要是基于小康社会建设来谈的，而学习型强国的建设则是站在社会主义现代化强国建设与实现"中国梦"的高度来谈的。学习型强国，具有三个基本特征：学习资源强国、学习力强国、学习文化强国。学习资源强国，强调学习供给侧改革，以丰富、便利、高质量的学习资源，以满足人人皆可学、时时皆能学、处处皆便学的需求；学习力强国，强调国民学习力提升，以满足创新型国家建设需求；学习文化强国，强调愿学、乐学成为浓厚的社会风气，以形成良好的学习文化生态。学习型强国的建设需要构建互联网、人工智能环境下的数字化教育体系。何谓数字化教育体系？数字化教育体系可以概括为"一个中心、两类环境、三个内容库、四种技术、五类用户、六种业务"。"一个中心"即数字化教育云中心；"两类环境"即支持学校教育的数字化校园与支持终身教育的学习型数字化城区；"三个内容库"即学习资源库、开放课程库与信息管理库；"四种技术"即物联网、云计算、大数据、泛在网络四种关键数字化技术；"五类用户"即教师、学生、家长、教育管理者与社会公众；"六种业务"即数字教学、数字化学习、数字化管理、数字化科研、数字化评价与数字化服务。[①] 从学习视角看，数字化教育体系由数字化的学习资源体系、智能化的学习过程体系、数字化的学习评价与服务体系构成。

为何学习型强国的建设需要建构互联网、人工智能环境下的数字化教育体系？首先，传统的实体空间学习难以满足学习型强国的时代需求。工业化时代的产物——传统实体空间场所学习，主要是通过教室、图书馆、博物馆、剧场、戏院等场所来提供学习资源。这固然能在一定程度

---

[①] 杨现民，余胜泉. 智慧教育体系构架与关键支撑技术[J]. 中国电化教育，2015（1）：77-84.

上满足人们的学习需求，但还远远不够。由于实体空间场所具有边界性和时空限制性，因而难以满足学习资源强国的需求。其次，数字化教育体系具有学习资源的数字化、共享化、机会均等化等特征，学习方式的无边界化、无时空限制化、智能化等特征，学习力的数字化、信息化等特征，学习文化的全民化、终身化、民主化等特征，能够为建设学习型强国提供丰富优质的学习资源，大力提升国民学习力，养成良好的学习文化生态。

如何构建互联网、人工智能环境下的数字化教育体系？首先，需要进行数字化教育供给侧改革。我们应充分挖掘和利用先进的信息技术，例如凭借我国5G网络的先进技术，构建一个全民可享用的数字化教育体系。其次，需要优化数字化学习过程，以提升国民数字化、信息化学习能力。"现代技术实现了物联物通，延展了学习空间，空间中的因子组合的多样性，使得学习生态实现了从原生态向新生态的转向。"[①] 新的学习生态催生新的学习能力。最后，需要健全与优化数字化教育的评价和服务体系建设。

### 五、构建一个促进和谐社会现代化的民办教育体系

社会主义现代化强国，不仅是政府善治强国，也是社会力量强国。这里的社会力量，泛指非政府的参与促进国家发展的积极力量，主要包括自然人、法人（社会组织、非政府组织、企业等）。社会力量是使一个国家充满活力的重要因素之一。社会主义现代化强国，是一个政府与社会携手共进的强国。社会力量在世界各国以不同形式存在，通过社

---

[①] 沈书生. 学习新生态：建构信息化学习力[J]. 苏州大学学报（教育科学版），2020（1）：1-8.

会力量促进国家发展既是发达国家的历史经验，也是中国社会主义现代化强国建设的重要议题。我国在社会主义现代化建设进程中，应充分吸引、利用社会力量，协同社会力量，促进各项事业的发展，这其中包括教育事业。民办教育是社会力量参与和发展教育事业的集中体现。经过将近四十年的发展，民办教育已经成为中国教育体系的一个重要组成部分，但需要基于中国民办教育的丰富实践构建一个健全成熟的民办教育体系。在构建一个促进社会发展的民办教育体系时，应注重以下几大体系建设。

首先，要构建完善的民办教育法规和政策体系，以支持与规范民办教育为主线，规范校外培训机构。近些年来，我国民办教育虽然取得了较大发展，但相对于公立教育仍然处于弱势地位，甚至被边缘化，因此更需要得到大力支持。只有在有力的政策支持环境下，民办教育才能迸发出更大的活力。如果说支持可以激发活力，那么规范则可以保持活力。因此，吸引民间资金进入教育领域，必须理清"支持什么"与"规范什么"两大根本问题。[①] 其次，要加强民办学校现代治理制度体系建设。加强非营利性和营利性民办学校作为法人的规章制度建设，加强民办教育制度创新建设，例如基金会办学是一种很好的民办教育制度创新，实现了从自然人与企业法人向基金会办学的转变，体现了非营利民办高校的制度创新。"国际经验表明，基金会不仅是非营利性私立高校的重要办学主体之一和主要资金来源，还越来越多地从战略规划、学科

---

① 周海涛，闫丽雯. 支持和规范社会力量兴办教育的新作为[J]. 教育与经济，2019（1）：3-6.

布局、大学自治、教师发展等方面为其提供专业服务。"① 再次，要建立基于分类管理的民办学校法人治理体系。分类管理是我国民办教育发展的一个重要特征。"对民办教育分类管理有利于我国民办教育管理体制改革和民办教育的发展。"② 2017年初发布的《国务院关于鼓励社会力量兴办教育促进民办教育健康发展的若干意见》明确提出"实行非营利性和营利性分类管理"。"2017年9月1日《中华人民共和国民办教育促进法》生效，标志着我国正式步入民办教育分类管理的新时代。"③ 民办学校法人治理体系也需要基于非营利性和营利性这两类民办学校的不同特点，建构其法人治理结构，形成决策、执行、监督相互独立、相互制约的法人治理机制。最后，要建立民办学校风险防范体系，具体包括民办教育领域社会信用体系建设，资产、财务和会计制度设计，信息公开、举办者变更等机制。

## 六、构建一个促进党对教育工作全面领导的教育治理体系

社会主义现代化强国也是一个治理体系完善和治理能力现代化的强国，它有力地保障了社会主义现代化各项事业的运转。教育事业也是如此，教育治理强国有力地保障了教育体系的有效运转。为此，我们需要构建一个中国共产党全面领导的教育治理体系，以推进社会主义现代化治理强国建设。我们可以在以下几个方面进行构建。

首先，建设教育治理的专业人才体系，为教育治理强国奠定人才基

---

① 刘金娟，方建锋. 我国基金会参与非营利性民办高校办学探索[J]. 复旦教育论坛，2019（6）：41-47.
② 王善迈. 民办教育分类管理探讨[J]. 教育研究，2011（12）：32-36.
③ 周海涛，闫丽雯. 支持和规范社会力量兴办教育的新作为[J]. 教育与经济，2019（1）：3-6.

础。"教育治理是多元主体共同管理教育公共事务的过程。"① 现代化教育治理离不开治理主体的治理能力和素养。治理能力越强，往往治理效果越好。因此，需要在党的领导下全面提高相关治理主体的治理能力，使其达到科学化、专业化和人文化的治理水平。例如提升教育局局长的治理能力，实现教育局局长的专业化；提高教育财务人员的专业化、科学化水平。

其次，有针对性地构建一系列保障体系，以保障相关教育体系的有效运行。具体来说，要注重以下几个方面的保障体系建设。构建一个保障教育投入和产出有效的财务分析体系；构建一个保障教育质量的监测、评估、督导、诊断和干预的运转体系，建立学生学习成果评估体系，全面提升人才培养质量；构建一个保障高等教育内部运转的辅助人员体系，进行教育人事制度改革；构建一个保障职业技能质量的国家框架体系，为专业教育提供框架；构建一个保障儿童发展的生涯指导教育体系，突破以传统心理健康为主的体系，为儿童成长保驾护航；构建一个保障教育基础信息准确真实的公开数据体系，为管理、咨询和研究提供数据；构建一个保障教育体系运营的科研体系，建设教育科研课题的问题解决导向体系、数据库体系、管理循证化体系、智库体系；构建一个保障促进深度贫困地区教育发展的自主、陪伴和帮扶、内涵和外延、基础和提升相结合的后扶贫时代的教育脱贫体系，系统构建乡村产业、人才、文化、生态和组织振兴的教育新体系，促进完善民族地区教育质量和水平的保障体系，加大国家通用语言文字推广力度；构建一个高质量的教师教育体系，使其具备高质量的教师教育机构和教师教育者队

---

① 褚宏启. 教育治理：以共治求善治［J］. 教育研究，2014（10）：4-11.

伍；构建一个将现代科技、网络和人工智能应用于教育的辅助体系。

  本套丛书是在国家高端智库中国教育与社会发展研究院的指导下，由高端智库主建单位北京师范大学中国教育政策研究院精心组织完成。这套丛书也是教育部哲学社会科学研究重大课题委托研究项目"中国共产党百年教育史研究"（20JZDW006）成果的一部分。今年是中国共产党成立一百周年，我们怀着无限的热情投入到这套丛书的研究和撰写工作中，以此向建党一百周年献礼。担任这套丛书编写工作的主要负责人有：李芒、张志勇、薛二勇、张伟远、周海涛、李琼、余胜泉、刘宝存、余雅风。他们都是中国教育政策研究院的团队首席专家或专家。在组织编写过程中，北京师范大学中国教育政策研究院薛二勇教授、教育部普通高校人文社会科学重点研究基地北京师范大学教师教育研究中心博士后刘丽莎付出了很大努力。本套丛书的编写工作得到了中国教育出版传媒集团、人民教育出版社的大力支持，在此一并表示感谢。

  本套丛书主题宏大、体系庞大、价值重大，在研究和写作过程中我们克服了不少困难。由于我们的研究水平有限，难免存在不足之处，敬请读者批评指正。

朱旭东

2021 年 3 月

# 本书前言

党的十九大报告提出在2020年全面建成小康社会、实现第一个百年奋斗目标的基础上，再奋斗15年，在2035年基本实现社会主义现代化。建成现代化强国的基础在教育，唯有推进教育现代化才能建成教育强国，才能为建设现代化强国提供技术、知识和人才的支撑，为全面实现第二个百年奋斗目标奠定基石。2019年2月，中共中央、国务院印发《中国教育现代化2035》。这是党中央、国务院做出的重大战略部署，是贯彻落实党的十九大精神和全国教育大会精神、加快教育现代化的重要举措，更加凸显教育的基础性、先导性、全局性地位和作用。

充分发挥高校在人才培养、知识创新和技术创新中的核心作用，是推进教育现代化的应有之意，也是关键之举。《中国教育现代化2035》明确提出：分类建设一批世界一流高等学校，建立完善的高等学校分类发展政策体系，引导高等学校科学定位、特色发展；持续推动地方本科高等学校转型发展；加快发展现代职业教育，不断优化职业教育结构与布局；推动职业教育与产业发展有机衔接、深度融合，集中力量建成一批中国特色高水平职业院校和专业；优化人才培养结构，综合运用招生计划、就业反馈、拨款、标准、评估等方式，引导高等学校和职业学校及时调整学科专业结构；加强创新人才特别是拔尖创新人才的培养，加大应用型、复合型、技术技能型人才培养比重；加强高等学校创新体系建设，建设一批国际一流的国家科技创新基地，加强应用基础研究，全面提升高等学校原始创新能力；探索构建产学研用深度融合的全链条、网络化、开放式协同创新联盟；提高高等学校哲学社会科学研究水平，加强中国特色新型智库建设；健全有利于激发创新活力和促进科技成果转化的科研体制。这为一流人才培养与创新能力提升提供了总体思路，也为本书的写作提供了逻辑主线。

全书聚焦《中国教育现代化2035》的宏观要旨，从国际形势与国内背景、现状与问题、动向与策略三个维度，就加快一流大学和一流学科建设、分类推动高校特色发展、加快发展现代职业教育、优化调整高等教育布局结构、优化人才培养结构、加强高校创新体系建设、提高高校哲学社会科学研究水平、推进高校科研体制改革与创新等八个方面，阐释了一流人才培养和创新能力提升的任务路径。总体上，本书紧扣当前我国教育现代化目标，紧紧围绕实现国家发展、创造民族美好未来、提高人民综合素质、促进人的全面发展、增强中华民族创新创造活力、实现中华民族伟大复兴的时代使命，致力于提供人才培养和创新能力提升的理论借鉴和实践参考。

本书提出的一些具体对策建议，是我们对教育改革发展、教育强国建设和教育现代化进程的初步探索。展望未来，如何将有关建议转化为实际行动，如何助力我国人才培养和创新能力获得实质性提升，加快教育现代化和教育强国建设步伐，实现中华民族伟大复兴的中国梦，我们将跟踪研究和持续努力，也期冀各界同人携手努力、砥砺前行。

周海涛<br>2021年3月

# 目　录

## 第一章　加快一流大学和一流学科建设 / 1

第一节　一流大学和一流学科建设的形势与背景 / 2

　　一、加快一流大学和一流学科建设的国际形势 / 2

　　二、加快一流大学和一流学科建设的国内背景 / 4

第二节　一流大学和一流学科建设的现状与问题 / 12

　　一、一流学科影响力不断提高，服务需求能力有待加强 / 12

　　二、师资队伍水平不断提升，"重科研轻教学"依然存在 / 16

　　三、人才培养质量持续提高，人才培养模式比较单一 / 18

　　四、服务社会能力不断提高，拓展资源来源途径不够 / 20

第三节　一流大学和一流学科建设的动向与策略 / 23

　　一、进一步加强党的领导，坚持社会主义办学方向 / 23

　　二、提升服务国家需求能力，扎根中国大地办教育 / 24

　　三、深化人才培养模式改革，提高人才培养水平 / 25

　　四、构建中国特色评价体系，推动高校内涵式发展 / 26

　　五、增强资金筹措能力，提高资源利用效率 / 27

## 第二章　分类推动高校特色发展 / 29

第一节　分类推动高校特色发展的形势与背景 / 30

　　　　一、分类推动高校特色发展的国际形势 / 30

　　　　二、分类推动高校特色发展的国内背景 / 34

　第二节　分类推动高校特色发展的现状与问题 / 36

　　　　一、国家推进分类发展宏观布局，分类指标体系建设仍需优化 / 36

　　　　二、省域积极执行高校分类设置管理，利益相关者参与合作有限 / 40

　　　　三、分类发展试点逐步推进，高校内涵发展同质化突出 / 44

　第三节　分类推动高校特色发展的动向与策略 / 47

　　　　一、形成多元主体合力协作机制 / 47

　　　　二、构建特色发展导向的分类指标体系 / 48

　　　　三、持续推动地方本科高校转型发展 / 51

## 第三章　加快发展现代职业教育 / 56

　第一节　加快发展现代职业教育的形势与背景 / 57

　　　　一、加快发展现代职业教育的国际形势 / 57

　　　　二、加快发展现代职业教育的国内背景 / 60

　第二节　我国职业教育改革发展的现状与问题 / 63

　　　　一、现代职业教育体系初步建立，办学方向和布局结构待优化 / 63

　　　　二、办学体制改革取得初步成效，多元化办学主体格局需健全 / 65

　　　　三、高技能人才培养逐渐被认可，产教融合、校企合作待加强 / 67

　　　　四、高校教师队伍建设不断加强，队伍结构和专业素养待提升 / 69

　　　　五、职业教育办学条件不断改善，整体发展环境仍需优化 / 71

　第三节　加快发展现代职业教育的动向与策略 / 74

　　　　一、坚定应用型办学方向，优化职业教育布局结构 / 74

　　　　二、健全多元化办学体制，鼓励企业和社会力量办学 / 75

三、深化产教融合，推进协同育人机制创新改革 / 76

四、扩大职业教育资源供给，促进职业院校高质量发展 / 77

五、加大多方投入力度，助推职业教育现代化建设 / 79

## 第四章　优化调整高等教育布局结构 / 81

### 第一节　优化调整高等教育布局结构的形势与背景 / 82

一、优化调整高等教育布局结构的国际形势 / 82

二、优化调整高等教育布局结构的国内背景 / 85

### 第二节　高等教育布局结构的现状与问题 / 94

一、高等教育发展机制创新，制度体系亟待健全 / 94

二、高等教育资源再配置，整体布局仍待优化 / 95

三、高校集群初现雏形，融合效能有待各发其力 / 96

### 第三节　优化调整高等教育布局结构的动向与策略 / 98

一、创新体制机制改革：建设示范区、创新区、先行区 / 98

二、优化布局特色产业：新增资源向城镇产业集聚区倾斜 / 99

三、发展行业特色高校：建立应用型、小规模特色学院 / 101

## 第五章　优化人才培养结构 / 105

### 第一节　优化人才培养结构的形势与背景 / 106

一、优化人才培养结构的国际形势 / 106

二、优化人才培养结构的国内背景 / 115

### 第二节　人才培养结构的现状与问题 / 122

一、人才培养结构持续优化，动态调整机制有待形成 / 122

二、有效满足基本人才需求，新类型人才培养待强化 / 126

三、人才培养能力不断提升，管理服务体系还不完善 / 131

第三节　优化人才培养结构的动向与策略 / 135

　　一、综合采用多种举措，引导高校及时调整学科专业结构 / 135

　　二、构建动态调整机制，促进人才培养与产业发展同频共振 / 136

　　三、依托行业协会组织，建立健全社会人才需求预测机制 / 137

　　四、推动学科交叉融合，扩大应用型、复合型、技术技能型人才培养比重 / 138

　　五、推进军民深度融合，培养国防和军队现代化建设人才 / 139

　　六、聚力优化发展生态，强化国家网络安全人才与创新基地建设 / 141

　　七、改革招生管理机制，研究生招生与科研项目及经费挂钩 / 142

　　八、加强就业创业服务，建立全方位的就业创业服务体系 / 143

## 第六章　加强高校创新体系建设 / 145

第一节　加强高校创新体系建设的形势与背景 / 146

　　一、加强高校创新体系建设的国际形势 / 146

　　二、加强高校创新体系建设的国内背景 / 149

第二节　高校创新体系建设的现状与问题 / 152

　　一、高校创新基地建设仍存在短板 / 152

　　二、高校原始性创新潜力亟待挖掘 / 154

　　三、产学研融合程度仍需提高 / 158

第三节　加强高校创新体系建设的动向与策略 / 161

　　一、建设国际一流的高校科技创新基地 / 161

　　二、全面提升高校原始创新能力水平 / 164

三、全力推动高校产学研深度融合 / 167

## 第七章 提高高校哲学社会科学研究水平 / 171

第一节 提高高校哲学社会科学研究水平的形势与背景 / 172

　　一、提高高校哲学社会科学研究水平的国际形势 / 172

　　二、提高高校哲学社会科学研究水平的国内背景 / 175

第二节 提高高校哲学社会科学研究水平的现状与问题 / 180

　　一、高校哲学社会科学建设成效显著，总体水平有待提高 / 180

　　二、新型智库发展速度迅猛，高校智库优势待发挥 / 183

第三节 提高高校哲学社会科学研究水平的动向与策略 / 186

　　一、坚持马克思主义指导地位，构建中国哲学社会科学体系 / 186

　　二、扎根中国的重大现实问题，大力推进马克思主义中国化 / 190

　　三、放眼国际视野追求卓越，加强中国特色新型智库建设 / 193

## 第八章 推进高校科研体制改革与创新 / 197

第一节 推进高校科研体制改革与创新的形势与背景 / 198

　　一、推进高校科研体制改革与创新的国际形势 / 198

　　二、推进高校科研体制改革与创新的国内背景 / 203

第二节 推进高校科研体制改革与创新的现状与问题 / 211

　　一、保障体系初步形成，政府职能有待进一步调整 / 212

　　二、组织机制基本建立，成果转化水平有待进一步提升 / 217

　　三、经济服务成效初显，协同创新有待进一步增强 / 221

第三节 推进科研体制改革与创新的动向与策略 / 225

　　一、加强科研组织建设，健全科研支撑体系 / 225

二、实施灵活激励机制，激发创新主体活力 / 226

三、明确知识产权归属，加大知识产权保护力度 / 227

四、增设技术转移机构，加强成果转化服务 / 228

五、依托多样双创平台，强化服务经济能力 / 229

六、发挥学科集群优势，形成区域科创中心 / 230

**后记 / 231**

# 第一章　加快一流大学和一流学科建设

近年来,世界各国纷纷出台建设高水平大学的政策,我国也相继颁布推动高校"双一流"建设的政策,高校也以"一流"为目标、以学科为基础、以绩效为杠杆、以改革为动力,在加强党的领导、提高人才培养质量、加强师资队伍建设、提高社会服务能力等方面取得了显著成效。同时,建设过程中也暴露出高等教育服务需求能力有待加强、人才培养模式比较单一、评价体系"五唯"(唯分数、唯升学、唯文凭、唯论文、唯帽子)现象严重、资金筹措能力参差不齐等问题。当前,我国经济社会发展迈入新时代、开启新征程,《中国教育现代化2035》明确提出要分类建设一批世界一流高校的战略任务。为全面贯彻落实《中国教育现代化2035》的主要目标与任务要求,把我国建设成为高等教育强国,实现新时代中国特色社会主义发展战略部署,需要加快一流大学和一流学科建设。

## 第一节　一流大学和一流学科建设的形势与背景

伴随经济全球化和高等教育国际化的趋势，国家之间软实力的竞争越来越激烈，建设"世界一流大学"的战略规划在许多国家先后启动。一流大学和一流学科是支撑经济社会创新与发展的中坚力量，也是实现科技创新的源头，业已成为国家竞争力的核心要素，其作用越来越不可替代。

### 一、加快一流大学和一流学科建设的国际形势

当今世界正经历百年未有之大变局，新一轮科技革命和产业变革深入发展，国际环境日趋复杂，不稳定性不确定性明显增强，新冠肺炎疫情影响广泛深远，经济全球化遭遇逆流。面对发展环境的深刻复杂变化，各国期望通过高水平大学建设促进国家创新体系的发展，增强国家竞争力，随之纷纷出台一流大学建设计划，不断加大财政投入力度，全力保障建设成效。

#### （一）"双一流"建设是增强国家竞争力的核心要素

随着世界多极化、经济全球化、社会信息化、文化多样化深入发展，全球治理体系和国际秩序变革加速推进，各国相互联系和依存度日益加深，国际力量对比更趋平衡，和平发展大势不可逆转。与此同时，世界各国还面临着经济增长动能不足、贫富分化日益严重、地区热点问题此起彼伏、非传统安全威胁持续蔓延等诸多挑战。面对国际社会的激烈竞争和世界发展的严峻挑战，各国都在采取积极有效的应对措施。世界各国之间的竞争，归根到底是人才的竞争。而人才的培

养，特别是创新型、复合型和应用型人才的培养，需要依靠一流的高等教育。特别是随着高等教育国际化和知识经济全球化不断深入，全球高等教育的竞争日益激烈，世界一流大学已成为一个国家综合国力竞争的核心要素之一。①

### （二）"双一流"建设是推动科技创新的重要举措

创新是一个民族发展的不竭动力。高校在国家创新体系中发挥着举足轻重的作用，承担着培养高层次创新型人才、开展创新性科学研究、产出原创性科技成果的重要使命。为此，各国都加大对高等教育的投入力度，充分发挥高校在国家创新体系中的作用。以美国为例，在高校科研经费方面，自20世纪70年代以来，美国政府不断加大对科研的支持力度，科研经费支出持续增长。2015年，美国科研经费支出近5 000亿美元，占全球的26%，占美国当年国内生产总值（GDP）的2.7%。强大的科研支持成为美国经济发展的主要驱动力。据统计，近年来美国的经济增长有约50%是依靠创新取得，而依靠资本取得的增长仅占24%。一流大学作为科技创新，特别是原始创新的源头，在美国国家科技创新中的作用日益凸显。在科研论文方面，美国研究型高校发表的科研论文数量占美国全部科学论文总数的70%以上。过去十年，美国高校的发明专利数量在美国发明总量中的占比逐年提高，从3.97%提高到4.39%，美国世界排名前25名的高校获得的专利数量占美国所有高校专利总量的50%以上。如斯坦福大学，早在20世纪50年代利用硅谷的地缘优势，大力推进科技发展，迅速将科技成果转化为现实生产力，创造了"硅谷奇迹"。如果把麻省理工学院的教师和毕业生创办的4 000多

---

① 冯倬琳，土琪，刘念才. 世界一流大学建设之路与启示［J］. 中国高等教育，2014（10）：61-63.

家公司变成一个独立的国家，其创造的收入可以使其跻身于世界前24个最富裕国家之列。①

### （三）"双一流"建设是世界高等教育发展的新趋势

高等教育发展水平是一个国家发展水平和发展潜力的重要标志之一。②加快一流大学和一流学科建设是世界高等教育发展的共同趋势。近年来，全世界有30多个国家在实施一流大学建设计划，共涉及约2 000所高校或者机构，可以说世界一流大学的竞争态势渐趋白热化。例如，韩国早在20世纪末就开始实施"21世纪脑力计划"，2008年又开始实施"世界一流大学计划"，目前正在实施"BK21PLUS计划"。德国的"卓越计划"通过资助研究生院和卓越集群，进而构建未来的大学。③此外，还有法国的卓越大学计划、俄罗斯的"联邦大学"计划、澳大利亚的G8联盟、日本的全球顶尖大学项目、印度的创新大学计划等。虽然各国在加快一流大学建设的具体举措上有所不同，但是以实际行动加快本国高等教育发展、提高本国的高等教育质量，已成为世界各国高等教育发展不懈追求的目标。

## 二、加快一流大学和一流学科建设的国内背景

目前，世界大国之间竞争博弈日益复杂，面对国内国际经济社会发展的大变局和"四个伟大"的历史进程，国家提出了"双一流"建设的

---

① 袁占亭. 高等教育"四个回归"的时代意义[J]. 中国高等教育，2016（23）：17-21.
② 许宁生. 新时代中国高等教育的改革与发展[EB/OL]. （2018-04-27）[2019-03-12]. http://wenhui.news365.com.cn/html/2018-04/27/content_653096.html.
③ 叶赋桂，马莹. 从世界一流大学到世界一流高等教育体系[J]. 中国高等教育，2012（2）：61-63.

重大战略布局，通过建设一批世界一流大学和一流学科来提升我国自主创新能力，培养大批具备国际竞争力的顶尖人才，整体提升我国高等教育水平。

### （一）加快"双一流"建设是推动经济社会转型发展的需要

改革开放以来，党带领全国各族人民以经济建设为中心，实现了我国经济社会的快速发展。进入21世纪以来，我国经济发展进入快车道，国家经济发展水平不断提高，科技创新能力不断增强，国防实力日益提高，国际竞争力和影响力不断提升。特别是党的十八大以来，党带领全国人民取得了新的历史性成就，经济社会发展进入新的历史时代。截至2020年，我国国内生产总值突破100万亿元，是仅次于美国的世界第二大经济体。

同时，我们也应清醒地认识到，与世界经济强国相比，我国还存在诸多差距。一是我国人均国内生产总值不高，且地区之间还存在较大差异。二是科技创新能力和水平仍然与发达国家存在一定差距，特别是在涉及国家重大发展战略和基础研究方面的自主创新能力、核心竞争力和关键领域核心技术等方面存在较大差距。三是高层次领军人才和高技能人才十分缺乏。第七次全国人口普查数据显示，我国人口约14.12亿人，是世界第一人口大国。但是，总体而言，我国高层次创新型人才数量严重不足。如何有效释放人口红利，实现人才大国向人才强国的转变，已经成为制约我国经济发展的关键因素。特别是我国正处于推进供给侧结构性改革、促进经济提质增效和转型升级、跨越中等收入陷阱的关键阶段，迫切需要依靠创新驱动发展的新引擎，培育增长的新动力，而人才是创新的根基，高校是创新人才的第一来源。

当前，中国特色社会主义进入新时代，把我国建设成为富强民主文明和谐美丽的社会主义现代化强国，满足广大人民对美好生活的需求，实现中华民族伟大复兴的中国梦，需要"双一流"建设高校发挥自身优势，为国家经济社会发展做出自己的贡献。建设现代经济体系，深化供给侧结构性改革，要求我国高等教育必须聚焦国民经济建设和社会发展的重大理论和现实问题，紧密围绕国家提出的人才强国战略和创新驱动发展战略等重大战略规划，按照我国经济社会发展的实际需求，结合高等教育实际，以国家经济社会发展所需的重点领域、前沿技术、基础研究和重大专项为重点，着力提高自主创新和成果转化能力以及服务国民经济与社会发展重大战略的能力，产生一批有重大影响力的原始创新成果，服务于创新驱动发展的国家战略。正如习近平总书记在2020年教育文化卫生体育领域专家代表座谈会上发表的重要讲话所强调的那样，我国高校要勇挑重担，聚焦国家战略需要，瞄准关键核心技术加快技术攻关；要立足服务国家区域发展战略，优化区域教育资源配置，加快形成点线面结合、东中西呼应的教育发展空间格局，提升教育服务区域发展战略水平。

（二）加快"双一流"建设是提升我国科技创新能力的需要

从科技角度看，"双一流"建设是加快科技创新发展的活力源泉。当今世界，科技创新已经成为各国实现经济再平衡、打造国际竞争新优势的核心，正在深刻影响和改变国家之间的实力对比，重塑世界经济结构和国际竞争格局。美国《2016—2045年新兴科技趋势报告》指出，物联网、人工智能、先进材料、太空技术等新兴科技，未来将会对人类发展产生重大影响。以人工智能为例，其影响范围将远远超过工业革命影响的深度和广度，对人类的思维理念、思维方法、思维模式、伦理道德等方面产生深刻的影响。

高校作为一个国家创新体系的重要组成部分，是科技创新最重要的力量之一，是国家科技强国建设的战略支撑力量。习近平总书记在中国科学院第十九次院士大会、中国工程院第十四次院士大会开幕会上发表重要讲话，强调高校要瞄准世界科技前沿，加强对关键共性技术、前沿引领技术、现代工程技术、颠覆性技术的攻关创新，要培养造就一大批具有国际水平的战略科技人才、科技领军人才、青年科技人才和高水平创新团队，力争实现前瞻性基础研究、引领性原创成果的重大突破。据原教育部科技司公布的数据，党的十八大以来，高校以不到全国10%的研发人员、不到全国8%的研发经费，承担了全国60%以上的基础研究；承担了60%以上的重大科研任务，包括"863计划"、科技支撑、重点研发等研究项目；建设了60%的国家重点实验室；获得了60%以上的国家科技三大奖；高层次人才占到了全国的60%以上；发表科技论文数量和获得自然科学基金资助项目均占到了全国的80%以上。[1] 近年来，高校作为第一完成单位获得了60%以上的"国家级三大奖"（国家自然科学奖、国家技术发明奖、国家科学技术进步奖），高校申请的国家自然科学基金项目超过了80%，高校产出的SCI（《科学引文索引》）论文总数占比超过了80%。以2018年国家级科技三大奖为例，"双一流"建设高校作为第一完成单位获得123项"国家级三大奖"通用项目（不包含3个创新团队），占全国高校作为第一完成单位获得"国家级三大奖"通用项目数量的85.42%，反映出"双一流"建设高校在全国高

---

[1] 马爱平. 破解"卡脖子"难题 高校创新力量如何发力[N/OL]. 科技日报，2019-03-21（08）[2021-05-23]. http://digitalpaper.stdaily.com/http_www.kjrb.com/kjrb/html/2019-03/21/content_417654.htm?div=-1.

校中的领头羊地位。①2019年，高校作为主要完成单位获得国家科学技术进步奖127项，占授奖总数146项的87.0%。特别是"双一流"建设高校在高等级奖项中的表现更加亮眼。国家自然科学奖一等奖总共授奖1项，授予南开大学"高效手性螺环催化剂的发现"。国家技术发明奖通用项目一等奖总共授奖1项，授予北京航空航天大学"复杂机场高精度飞行校验技术及装备"。国家科学技术进步奖通用项目特等奖总共授奖2项，其中1项授予上海交通大学"海上大型绞吸疏浚装备的自主研发与产业化"；创新团队奖总共授奖1项，授予大连理工大学高性能精密制造创新团队；一等奖一共授奖12项，其中7项分别授予由东北大学、武汉大学、西南交通大学、国防科技大学、华中科技大学、华南理工大学、重庆大学牵头完成的项目。②

为此，我国高校特别是"双一流"建设高校，只有紧跟时代发展步伐，充分发挥自身在科技创新方面的优势，以国家颁布的《"十三五"国家科技创新规划》《新一代人工智能发展规划》《中国制造2025》等一系列重大科技规划为核心，围绕新一代信息技术、高端装备、人工智能、新材料等国家急需的重点领域和主攻方向，持续开展重大科研攻关和基础科学研究，增强科技创新特别是原始创新能力，着力培养一大批拔尖创新人才，才能助推我国科技水平的整体提升。

---

① 崔育宝. 2018 "双一流"建设高校国家三大奖成绩单［EB/OL］.（2019-01-23）［2019-03-12］. http://cge.bit.edu.cn/zxfw/fzzx/140757.htm.
② 中华人民共和国中央人民政府. 高校创新成果丰硕：2019年度国家科学技术奖励高校获奖情况［EB/OL］.（2020-01-12）［2021-05-23］. http://www.gov.cn/xinwen/2020-01/12/content_5468422.htm.

### (三)加快"双一流"建设是实现我国高等教育现代化的需要

党的十九大对实现第二个百年奋斗目标作出分两个阶段推进的战略安排,即到2035年基本实现社会主义现代化,到21世纪中叶把我国建成富强民主文明和谐美丽的社会主义现代化强国。《中国教育现代化2035》提出了我国教育现代化的总体目标:到2035年,总体实现教育现代化,迈入教育强国行列,推动我国成为学习大国、人力资源强国和人才强国,为到本世纪中叶建成富强民主文明和谐美丽的社会主义现代化强国奠定坚实基础。高等教育现代化是我国教育现代化的重要组成部分,如果没有高等教育的现代化,中国教育的现代化就不是一个完整的现代化。而一流大学和一流学科是高等教育实力和水平的重要标志,没有世界一流大学、一流学科,就谈不上高等教育现代化。

自20世纪90年代以来,国家先后实施了"211"工程、"985"工程以及"高等学校创新能力提升计划"("2011计划")等一批重点建设工程,推动了一批重点建设高校和重点建设学科的快速发展,带动了我国高等教育整体水平的不断提升。以"985"工程为例,仅占全国高校总数1.3%的"985"工程建设高校,承担了全国1/2的博士、近1/3的硕士人才培养任务。实践证明,突出建设重点可以更好地把握我国高等教育发展的基本格局,使我国高等教育更好地与世界高等教育同步发展。因此,从历史维度来看,先集中力量,选择若干高校和学科开展"双一流"建设,进而引领和带动我国高等教育整体水平提升,是我国高等教育发展的必然选择。

当前,我国高等教育已经迈入后普及化阶段。2020年,我国高等教育毛入学率达54.4%,已建成世界上规模最大的高等教育体系。2020

年，我国各种形式的高等教育在学总规模为4 183万人。其中，全国普通本专科共招生967.45万人，在校生3 285.29万人。招收研究生110.66万人，在学研究生313.96万人。[①]与此同时，我国高等教育的主要矛盾已经转变为人民群众对优质多样高等教育的需求与优质多样的高等教育资源不足之间的矛盾。以出国留学人数为例，在过去的十年间，我国年平均增长15.5%，而全球国际学生数量年平均增长只有5.42%。2019年度我国出国留学人员总数为70.35万人，较上一年度增加4.14万人，增长6.25%；各类留学回国人员总数为58.03万人，较上一年度增加6.09万人，增长11.73%。1978—2019年，各类出国留学人员累计达656.06万人，其中165.62万人正在国外进行相关阶段的学习或研究；490.44万人已完成学业，423.17万人在完成学业后选择回国发展，占已完成学业群体的86.28%。[②]2020年美国移民海关执法局出炉的当年在美留学生报告显示，在152.34万留学生中，留学生人数排前三的国家分别是中国、印度和韩国。其中有47.4万多人来自中国，中国留学生人数约占2019学年美国总留学生人数的三分之一，是排名第十墨西哥留学生人数的24倍。[③]如此巨大的留学生数量，一方面表明我国经济发展水平不断提高，另一方面表明我国高等教育发展还难以充分满足广大人民群众对优质高等教育的需求。

---

① 2020年全国教育事业统计主要结果发布［EB/OL］.（2021-03-02）［2021-05-23］. https://m.gmw.cn/2021-03/02/content_1302142640.htm.
② 中华人民共和国教育部. 2019年度出国留学人员情况统计［EB/OL］.（2020-12-14）［2021-05-23］. http://www.moe.gov.cn/jyb_xwfb/gzdt_gzdt/s5987/202012/t20201214_505447.html.
③ ICE官方发布《在美留学生报告》中国留学生多项数据占榜首［EB/OL］.（2020-09-16）［2021-05-23］. https://www.sohu.com/a/418768520_100210740.

"十三五"期间,高等教育提出"双一流"建设体系和目标,自此,高等教育进入"双一流"建设新时代。党的十九届五中全会提出,要构建高质量教育体系。一个国家的高等教育体系需要有一流大学群体的有力支撑,一流大学群体的水平和质量决定了高等教育体系的水平和质量。"双一流"建设不仅是要实现国家层面确定的137所"双一流"建设高校的高质量、内涵式发展,更是以此推动中西部高等教育振兴和发展,示范带动全国高校从不同学科和不同方面争创一流,进而从整体上提高中国高等教育质量,提升中国高等教育在国际范围内的话语权,扩大中国高等教育的国际影响力,进而实现中国高等教育由跟跑、并跑到领跑的历史性跨越。

## 第二节　一流大学和一流学科建设的现状与问题

自2016年国家实施"双一流"建设以来,各建设高校主动作为、扎实建设,不断提高自身服务经济社会的能力和水平,在落实党的领导、提高人才培养质量、增强师资队伍素质、提高服务社会能力等方面取得了重要成效。同时,我们也应看到,在此过程中,部分建设高校还存在着服务需求能力有待进一步提升、人才培养模式比较单一、评价体系"五唯"突出、资金筹措能力有待增强等问题。

### 一、一流学科影响力不断提高,服务需求能力有待加强

学科是大学的核心要素,建设世界一流学科是建设世界一流大学的重要基础。近年来,"双一流"建设高校以学科为基础,持续加强自身能力建设,推动我国高等教育不断扩大国际影响力。

"双一流"建设高校以一流学科建设为基础,不断提高学科水平。一流学科是高校软实力的最直接表现,它代表着高校在人才培养、科学研究及社会服务等方面的水准。一流大学建设是在一流学科基础上的学校整体建设、重点建设,全面提升人才培养水平和创新能力;一流学科建设高校重在优势学科建设,促进特色发展。①2017年教育部等三部委发布的《关于公布世界一流大学和一流学科建设高校及建设学科名单的通知》明确列出了465个一流学科建设名单。近年来,"双一流"建设高校不断加大学科建设力度,学科建设取得显著成效。2021年1月科睿

---

① "双一流"建设如何推进? 七问答为你详解 [EB/OL].(2017-01-25)[2019-03-12]. http://edu.people.com.cn/n1/2017/0125/c1006-29049551.html.

唯安（Clarivate Analytics）公布的ESI最新数据显示，中国内地高校进入前百分之一的学科有1 455个，千分之一的学科有169个；机构进入前百分之一的学科有479个，千分之一的学科有37个。① 2021年QS世界大学学科排名显示，我国内地共有89所大学的731个学科上榜。其中，中国内地有6个学科进入世界前10强，其中清华大学有4个，北京大学和中国农业大学各有1个。24所中国内地高校的122个学科进入世界前50强。其中，北京大学有33个，清华大学有25个，复旦大学有13个，上海交通大学有11个，浙江大学有10个。此外，南京大学有5个学科进入世界前50强，中山大学、武汉大学和同济大学各有3个，中国科学技术大学有2个，北京师范大学、中国人民大学、西安交通大学、吉林大学、四川大学、天津大学、中国地质大学、南京农业大学、中国农业大学、中国石油大学、中央戏剧学院、华南农业大学、中国矿业大学和中央美术学院各有1个。②

"双一流"建设高校实施"走出去"与"引进来"相结合的战略，国际影响力不断扩大。一是实施"走出去"战略，进一步提升了各高校的国际影响力。一方面是加快海外布局，不断提升学校的国际影响力和竞争力。例如，北京大学英国校区是北京大学的首个海外校区，米兰艺术设计学院是清华大学在欧洲设立的首个教育科研基地。另一方面是建立国际孔子学院，积极推广传播中国文化。以中国人民大学为例，2006年至今，该校在海外积极参与合作共建14所孔子学院，分布在亚

---

① 2021ESI排名更新！中国内地326所大学上榜，你的学校排名如何？[EB/OL]．（2021-01-25）[2021-05-23] https://www.sohu.com/a/446607621_120966086.
② 2021年QS世界大学学科排名出炉，中国高校表现亮眼！[EB/OL]．（2021-03-05）[2021-05-23]． https://www.sohu.com/a/454240273_372471.

洲、非洲、欧洲和美洲的11个国家。我国高校，特别是"双一流"建设高校通过实施"走出去"战略，不仅促进我国高等教育的快速发展，同时也扩大了中国高等教育的话语权和影响力。二是强化"引进来"举措，助推了我国高等教育办学水平进一步提升。一方面，目前我国"双一流"建设高校已与世界上大多数的著名高校和研究机构建立了校际交流机制，开展了卓有成效的国际合作，初步形成了全方位、多层次、宽领域的国际交流与合作格局。例如：北京理工大学与深圳市、莫斯科国立罗蒙诺索夫大学成立的深圳北理莫斯科大学已经开始招生；北京大学与德国慕尼黑大学等国外知名科研机构深度合作；大连理工大学与加州大学欧文分校积极开展本科生教育；东北大学与美国得克萨斯大学阿灵顿分校合作举办硕士研究生教育项目；等等。同时，"双一流"建设高校积极拓展国际引智、合作渠道，联合开展科学研究，创建一批示范引领的国际化创新引智平台。另一方面，随着我国高等教育质量的不断提高，"双一流"建设高校不断拓展国外优质教育资源渠道，吸引留学生的能力不断增强，来华留学生教育规模不断扩大，质量持续提高。2019年全国来华留学生数据显示，共有来自202个国家和地区的397 635名各类外国留学人员在我国31个省、自治区、直辖市的811所高等学校、科研院所和其他教学机构中学习。与此同时，研究生占在华留学生总数的比例为13.47%。[①] 目前，我国已经成为亚洲重要的留学目的国[②]，与世界上188个国家和地区建立了教育合作关系，全国中外合作办学机构

---

[①] 教育数据：2019年全国来华留学生数据发布［EB/OL］.（2020-02-28）［2021-05-23］. http://www.jxdx.org.cn/gnjy/14176.html.

[②] 教育部. 2017年出国留学，回国服务规模双增长［EB/OL］.（2018-03-30）［2019-03-12］. http://www.moe.gov.cn/jyb_xwfb/gzdt_gzdt/s5987/201803/t20180329_331771.html.

和项目共有2 300多个①。三是积极开展学术交流活动,提高了师生的国际化水平。在加快世界一流大学和一流学科建设进程中,"双一流"建设高校通过开展形式多样的学术交流活动,进一步扩大学校的影响力,提升广大师生的国际化水平。例如,在加快"双一流"建设进程中,各建设高校纷纷采取与国外知名大学签署学生交换留学、学位互授、教师学术交流等合作协议,极大地鼓励和推动了广大教师和学生到国外开展学术交流活动,进一步提升了学校的国际化水平。一些高校采取联合培养博士生,合作发表高水平论文和建立高水平的国际化研究团队等方式,带动了学校的国际化水平不断提高。同时,"双一流"建设高校通过举办国际性学术活动、邀请国外知名学者到校开展学术交流、引进各类长短期外籍教师、联合开展国际性科研活动等,进一步提升了学校的国际化水平,扩大了学校的国际影响力。

但同时,与国家战略需要和省级区域经济社会发展需求相比,一些"双一流"建设高校的学科布局与结构有待进一步优化,直接服务经济社会的能力有待进一步加强;一些学科之间交叉融合程度有待进一步深入,运用学科综合优势服务国家和区域发展的意识有待进一步提升。同时,一些面向主战场的主流学科实力依然偏弱,承担重大项目、产出重大研究成果的能力有待增强,在增强国家发展能力和核心竞争力方面与世界一流大学相比仍有明显差距。

---

① 董洪亮,赵婀娜,张烁,丁雅诵. 优先发展,坚持教育战略地位不动摇:党的十八大以来我国教育事业改革发展成就综述之一[EB/OL].(2018-09-07)[2019-03-12]. http://www.moe.gov.cn/jyb_xwfb/s5147/201809/t20180907_347683.html.

## 二、师资队伍水平不断提升,"重科研轻教学"依然存在

师德师风建设是高校师资队伍建设的首要任务。2015年国务院印发了《统筹推进世界一流大学和一流学科建设总体方案》,明确提出:"加强师德师风建设,培养和造就一支有理想信念、有道德情操、有扎实学识、有仁爱之心的优秀教师队伍。"习近平总书记在全国教育大会上的重要讲话特别强调"教师是人类灵魂的工程师,是人类文明的传承者,承载着传播知识、传播思想、传播真理,塑造灵魂、塑造生命、塑造新人的时代重任"。2021年,教育部等六部门发布的《关于加强新时代高校教师队伍建设改革的指导意见》进一步指出,要培育弘扬高尚师德,强化师德考评落实。同时,近年来"双一流"建设高校加强师德师风建设,有效提升了师资队伍的整体水平。

"双一流"建设高校规范教师职业道德,健全师德师风机制。在推进世界一流大学和一流学科的建设进程中,为规范教师职业道德,"双一流"建设高校采取了一系列举措,并取得了显著成效。一是切实加强和完善相关规章制度建设,从制度层面对广大教师的师德师风做出进一步规范。如大多数高校制定了《教师职业道德规范》《师德师风"一票否决制"实施细则》等,形成了较为完备的规章制度。二是从教育教学、科学研究和社会服务等各方面全方位考察师德师风,加强研究生导师的遴选和培训工作,加强导师的规范化管理,完善激励与惩处相结合的师德建设长效机制。"双一流"建设高校在职务晋升、岗位聘用、评优奖励、人才推荐等方面,以"德才兼备、以德为先"为基本原则,实施师德失范"一票否决"制度。

"双一流"建设高校打造全方位的发展体系,师资队伍水平不断提升。一流的师资队伍是学校发展的核心要素。在推进"双一流"建设进

程中，各建设高校努力为广大教师营造良好的发展环境，全力打造多样化、全方位的发展体系，推动了学校师资队伍水平的不断提升。一是充分利用学校现有资源，不断拓展外部资源，为广大教师特别是青年教师提供良好的发展平台，营造良好的外部环境。特别是在薪酬改革、绩效激励、个人成长等方面，"双一流"建设高校纷纷采取多项举措，极大地激发了教师队伍的创新活力，凸显了学校的高层次人才队伍集聚效应。例如，2018年"双一流"建设高校引进"千人计划"青年学者达到498人，占全国入选总人数的80%以上。同年，中国高校入选科睿唯安发布的"高被引科学家"名单的总人数为482人次，其中"双一流"建设高校的入选人数为324人次，占入选总人数的67.22%。[1] 2020年，中国高校和科研机构入选科睿唯安"高被引科学家"名单的人数从2019年的636人次（占比2%）上升到770人次（占比12.1%）。清华大学入选科学家数量排名从2019年的第19位上升到2020年的第9位，一举跻身前十。此外，中国科学技术大学、北京大学和浙江大学也进入榜单前列。

但与此同时，面向教育现代化，一些"双一流"建设高校还存在着过度关注学校在大学排行榜上的名次，过度强调各类奖项、"帽子"数量的变化而忽视教学的问题，追随、迎合评价内容，缺乏对自身内涵式发展的理性思考和审慎选择。一些高校为了迅速提高学校和学科排名，优先选择投入建设产出效果显著、周期较短，容易产出获奖数、论文数和项目数的一些学科领域，而在人才培养、文化传承与创新、现代大学制度完善等见效慢、周期长的方面投入不足。

---

[1] 2018年科睿唯安"高被引科学家"名单出炉 [EB/OL].（2018-11-28）[2019-03-12]. https://www.eol.cn/rencai/201811/t20181128_1635033.shtml.

### 三、人才培养质量持续提高，人才培养模式比较单一

一流的人才培养与创新能力是衡量教育现代化水平的重要标准。面向教育现代化2035，"双一流"建设高校始终以培养德智体美劳全面发展的社会主义事业建设者和接班人为目标，以改革为动力，以立德树人为根本任务，在人才培养方面取得了显著成效。

"双一流"建设高校以立德树人为根本，思想政治工作成绩凸显。在加快一流大学和一流学科建设的进程中，各建设高校以立德树人为根本任务，持续开展学生思想政治工作，推动了学校思政工作水平的进一步提高。一是通过开展爱国主义教育、红色主题教育等一系列主题教育活动，进一步增强了学生的爱国主义情怀，让学生在潜移默化中加深了对立德树人的认知。二是以一流人才为出发点和落脚点，积极引导和培育学生努力践行社会主义核心价值观，不断提高他们的思想水平和政治觉悟，引导他们树立共产主义远大理想和中国特色社会主义共同理想。三是各建设高校积极发挥研究生党支部的先锋模范带头作用，持续开展思想政治教育活动和理想信念教育，不断增强学生的中国特色社会主义道路自信、理论自信、制度自信和文化自信。例如，北京市在各高校积极开展"首都百万师生同上一堂党史课"活动，收到了很好的效果。同济大学举办红色艺术教育周，邀请艺术家来校演出诗剧《追寻》、话剧《种子天堂》，加强对师生的理想信念教育。①

"双一流"建设高校深化教育教学改革，人才培养质量显著提高。党的十八大以来，"双一流"建设高校以德智体美劳全面发展的创新型、复合型和应用型人才培养为目标，通过深化教育教学改革，创新人才培

---

① 同济大学."双一流"建设2018年度进展报告［EB/OL］.（2019-02-21）［2019-03-12］. https://news.tongji.edu.cn/info/1002/68706.htm.

养模式，不断加强学生综合素质，推动人才培养质量提高。一是深化人才培养模式改革，提高学生的实践能力。如各建设高校通过营造良好的环境和条件，积极鼓励学生参加中国国际"互联网+"大学生创新创业大赛、"创青春"全国大学生创业大赛等活动，不断增强学生的实践能力、创新能力和综合素质。例如，第六届中国国际"互联网+"大学生创新创业大赛吸引了来自117个国家和地区、4 186所学校的147万个项目、631万人报名参赛。数据显示，大赛举办6年来，累计有1 578万名大学生、377万个大学生团队参赛。① 二是不断探讨和设计科学合理的创新创业课程体系，搭建校内创新创业实践平台，推动学生创新能力的提升。三是深化课堂教学改革，通过实现小班化教学、导师制培养，提供优质资源和多样化的课内外实践条件，提升人才培养质量。四是拓宽课堂教学范围，不断提高学生的社会实践能力。为进一步增强学生服务社会的意识和服务社会的能力，"双一流"建设高校纷纷开展了形式多样的社会实践活动，如大学生志愿者服务行动、大学生支教活动等，甚至一些高校还组织学生到国外开展形式多样的实践活动，有力地提高了学生的社会实践能力。

"双一流"建设高校持续加强校园文化建设，利用文化育人成效明显提升。近年来，"双一流"建设高校不断创新人才培养模式，以聚焦大学文化建设的系统规划和顶层设计为核心，充分发挥校园文化的育人作用，通过积极开展校园文化节、弘扬爱国主义的主题教育活动、精品文艺演出、书香校园读书节等丰富多彩且具有本校特色的校园文化建设活动，在文化育人方面取得了显著成绩。此外，"双一流"建设高校还

---

① 第六届中国国际"互联网+"大学生创新创业大赛总决赛开幕［EB/OL］.（2020-11-17）［2021-05-03］. http://education.news.cn/2020/11/17/c_1210890427.htm.

充分利用学校的校史馆、博物馆、校训、校歌等,强化了学生对学校文化的认同感,增强了以文化育人的成效。例如,上海音乐学院为弘扬爱国主义情怀与中国文化精神,携原创音乐剧《梦临汤显祖》、多媒体交响剧《良渚》、器乐剧《笛韵天籁》、跨界融合作品《东去西来》等一批大型舞台作品在全国及海外巡演推广,刮起"上音之风"。[①]

但同时,面向教育现代化2035,一些"双一流"建设高校还存在人才培养模式未能完全满足学生全面发展和个性需求、缺乏办学特色等问题。很多单科性或多科性高校为了招生,都向综合性高校发展,导致教学课程与内容趋同,失去了自身的特色,培养出的人才也缺少学校特色。另外,一些高校的学科和科研优势转化为本科人才培养优势的体制机制有待进一步增强,高水平人才培养体系有待进一步完善,全员全过程全方位育人体系还未完全形成。

### 四、服务社会能力不断提高,拓展资源来源途径不够

当今世界正处于一个科技快速发展的时代。发挥自身科学研究的优势,推动人类社会的科技发展和进步,是高等教育的重要职能之一。在推进"双一流"建设的进程中,各建设高校紧追世界科技前沿,服务社会的能力不断提高。

"双一流"建设高校紧追世界科技前沿,自主创新能力不断提升。创新是一个民族发展的不竭动力。"双一流"建设高校作为我国科技创新的中坚力量,始终聚焦国家重大战略需求,围绕世界科学技术前沿,

---

[①] 上海音乐学院. 上海音乐学院"双一流"建设2018年度进展报告[R/OL]. 精编版.(2019-02-21)[2019-03-12]. http://www.shcmusic.edu.cn/view_0.aspx?cid=3&id=447&navindex=0.

以航空航天、空间科学、海洋、信息技术、生命科学等领域为重点，整合学校资源，集中多学科优势力量，着力加强科技创新平台建设，为推动我国的科技发展做出了重要贡献。以国家自然基金项目为例，2016—2019年，42所一流大学建设高校共获得58 736项，获国家自然科学基金立项数为14 932项。2016—2019年，"双一流"建设高校共获得单项资助金额在500万元以上（含500万元）的国家自然基金达到659项。高校在全国获奖项目中连续保持高比例，充分体现了高校的基础研究和重大原始性创新研究在我国占有重要的地位，体现了对我国科技创新和经济社会发展的重要贡献。

"双一流"建设高校持续深化产教融合力度，成果转化能力显著提升。《统筹推进世界一流大学和一流学科建设总体方案》中明确提出："深化产教融合，将一流大学和一流学科建设与推动经济社会发展紧密结合，着力提高高校对产业转型升级的贡献率，努力成为催化产业技术变革、加速创新驱动的策源地。"在推进"双一流"建设进程中，各建设高校结合自身实际，以人才联合培养，成立联合研发基地、研发中心和联合实验室等方式，深化与企业行业的合作，形成了形式多样的校地校企合作模式。与此同时，一些学校还通过与企业行业共同设立研究领域、联合设立基金、推进行业联盟等多种资源投入的方式，将学校知识技术储备的优势与企业研发产业化能力进行长期紧密的结合，推动产教深度融合。另外，为了服务区域经济社会发展，"双一流"建设高校不断开拓科技成果转化的领域和渠道，积极与地方政府和科技主管部门进行广泛交流，促进应用研究、技术创新和科技成果转移转化，有力地实现了高校科研成果在本区域的生成转化、落地生根开花。

"双一流"建设高校着力提升智库能力建设，服务社会能力不断增强。打造高水平的新型高端智库是"双一流"建设高校的重要任务。国家出台的《关于加强中国特色新型智库建设的意见》《统筹推进世界一流大学和一流学科建设实施办法（暂行）》等政策文件均明确提出，要打造一批具有中国特色和世界影响力的新型高端智库，提高服务国家决策的能力。近年来，我国高校特别是"双一流"建设高校充分发挥自身的人才优势、学科优势和对外交流优势，深化管理体制机制改革，整合学校优质资源，通过为各级政府和行政部门提供政策建议、咨询报告、调研报告等方式，建成了一批社会科学专题数据库和实验室、软科学研究基地、海外中国学术研究中心等党和政府信得过、用得上的新型高端智库。

但同时，在"双一流"建设过程中，各建设高校还存在着筹措资金能力参差不齐、拓展资源来源途径不够等问题。从高等教育与外部社会系统的关系来看，我国高校长期以来依靠国家财政拨款，"等、靠、要"思想严重，主动参与社会建设的意识不强、机制不畅。[①]一方面，是由于一些建设高校过度依赖财政资金，而自身筹措资金能力有限，从而导致学校资金不能完全满足学校快速发展的需要。另一方面，一些建设高校还未建立完善的吸引社会参与学校发展的体制机制，导致学校难以从外部获得更多的资源。特别是位于西部地区的"双一流"建设高校，在区域经济发展相对落后，且长期依赖有限的国家财政经费投入和省级政府财政投入情况下，资金筹措能力更弱。根据"双一流"建设2018年度进展报告内容显示，一些"双一流"建设高校特别是处于西部地区的高校资金严重不足，难以支撑学校发展。

---

① 刘兵飞，郑文. "双一流"建设：传统超越之思[J]. 高教探索，2018（12）：5-9.

## 第三节 一流大学和一流学科建设的动向与策略

"双一流"建设是一项长期、持续的工程,是一个永无止境、不断超越的过程。全面贯彻落实《中国教育现代化2035》,把我国建设成为高等教育强国,助力2035年国家实现基本现代化的目标,需要广大高等教育工作者坚定教育自信,保持头脑清醒,增强战略定力,常抓不懈,久久为功。面向教育现代化建设,我国"双一流"建设高校应立足我国经济社会新发展阶段,贯彻新发展理念,构建高等教育新发展格局,在进一步加强党的领导、提高服务国家需求能力、深化人才培养模式改革、构建中国特色评价体系、增强资金筹措能力等方面发力。

### 一、进一步加强党的领导,坚持社会主义办学方向

面向教育现代化建设,"双一流"建设高校应进一步加强党的领导,坚持社会主义办学方向。党的十九大报告指出"中国特色社会主义最本质的特征是中国共产党领导,中国特色社会主义制度的最大优势是中国共产党领导,党是最高政治领导力量"。长期以来,我国高等教育始终坚持党的领导,始终坚持马克思主义指导地位,全面贯彻党的教育方针,始终坚持社会主义办学方向,确保了我国高等教育的高质量持续健康发展。面向教育现代化建设,"双一流"建设高校加强党的领导,坚持社会主义办学方向,必须进一步增强党的核心地位,完善党委领导下的校长负责制,充分发挥基层党组织的模范带头作用。一是建立健全学校各类党组织。"双一流"建设高校要以面向教育现代化、面向世界、面向未来为目标,持续建立健全学校的各类党组织,进一步增强党在教

育事业中的核心领导地位。二是加强领导干部队伍建设，不断提高广大领导干部的综合素质和综合能力。面向教育现代化建设，"双一流"建设高校必须坚持从严管理和科学治理的有机结合，持续增强党的政治领导、思想领导、组织领导，充分发扬党内民主，不断提高广大党员的思想政治素质，不断提高学校的办学实力和办学水平。三是以培养德智体美劳全面发展的社会主义建设者和接班人为目标，充分发挥基层党组织的战斗堡垒作用和广大党员、教师的示范引领作用，加强学生思想政治教育，坚定学生的理想信念，厚植学生的爱国主义情怀，提高学生的品德修养，拓展学生的知识见识，培养学生的奋斗精神。

### 二、提升服务国家需求能力，扎根中国大地办教育

面向教育现代化建设，"双一流"建设高校应提升服务国家需求能力，扎根中国大地办教育。世界各国经验表明，一流虽然各具特色，但是服务国家战略需求，服务区域经济社会发展是世界一流大学的共同特征。长期以来，我国高等教育以服务国家经济社会发展为核心使命，为推动我国经济社会发展做出了重要贡献。2018年5月，习近平总书记在与北京大学师生座谈时指出，古今中外，每个国家都是按照自己的政治要求来培养人的，世界一流大学都是在服务自己国家发展中成长起来的。新时代，实现中华民族伟大复兴的中国梦，实现全面建成小康社会宏伟目标，实现教育现代化，把我国建设成高等教育强国，要求"双一流"建设高校坚持面向世界科技前沿、面向经济主战场、面向国家重大需求、面向人民生命健康，着力攻克、着力解决"卡脖子"的关键核心技术，着力服务国家经济社会发展，着力提升人的生活品质，积极开展一流人才培养和一流科学研究，不断提高学校服务社会的能力和水平。

2014年5月4日，习近平总书记在北京大学考察时指出："我们要认真吸收世界上先进的办学治学经验，更要遵循教育规律，扎根中国大地办大学。"2014年9月9日，习近平总书记在同北京师范大学师生代表座谈时再次强调，我们的教育是为中国特色社会主义服务的教育。2021年4月，习近平总书记在清华大学考察时强调，我们要建设的世界一流大学是中国特色社会主义的一流大学，我国社会主义教育就是要培养德智体美劳全面发展的社会主义建设者和接班人。面向教育现代化建设，"双一流"建设必须立足中国国情，坚守中国特色，以国际视野和全球胸怀，打造具有中国特色、世界一流的高等教育，从而为世界高等教育的发展贡献中国模式、中国经验、中国智慧。正如习总书记所强调的，"世界上不会有第二个哈佛、牛津、斯坦福、麻省理工、剑桥，但会有第一个北大、清华、浙大、复旦、南大等中国著名学府"。坚持以中国特色、世界一流为核心，就是要扎根中国大地办大学，积极探索世界一流大学建设的中国道路和中国模式，使中国高等教育发展方向同中国发展的现实目标和未来方向紧密联系在一起，为人民服务、为中国共产党治国理政服务、为巩固和发展中国特色社会主义制度服务、为改革开放和社会主义现代化建设服务，在服务中体现大学的价值追求。①

## 三、深化人才培养模式改革，提高人才培养水平

人才培养是高等教育的根本任务，人才培养质量是高等教育的生命线。建设"双一流"大学，关键是要不断提高人才培养质量。长期以来，我国高等教育特别是"双一流"建设高校以人才培养为核心，不断

---

① 杜玉波. 建设中国特色的"双一流"要把握好四个关键点[J]. 中国高等教育，2017（19）：11-13.

深化教育教学改革，积极探索人才培养的新模式、新机制，有效地提高了人才培养质量。面向教育现代化建设，"双一流"建设高校必须进一步深化人才培养模式改革，持续提高人才培养质量，着力培养担当民族复兴大任的时代新人。一是要转变广大教师的观念，充分调动广大教师进行教育教学改革和创新的积极性和主动性，鼓励青年教师参与学校的人才培养活动，并采取多种举措落实教授给本科生授课的制度；二是以培养创新型、复合型、应用型高层次人才为目标，围绕我国经济社会发展需要和高等教育发展的新形势，结合学校自身实际，完善人才培养方案，实施人才培养质量工程，创新教育教学方式方法；三是进一步突出和落实学生在人才培养中的中心地位。为此，"双一流"建设高校从人才培养方案制定到实施，必须结合本校学生的实际，服务学生的长远发展，满足学生个性需求。同时，在教育教学过程中，高校应注重培养学生的实践能力，推进学生创新创业实践中心建设，创建全链条、全过程、全方位的创新创业培养模式。

### 四、构建中国特色评价体系，推动高校内涵式发展

面向教育现代化建设，"双一流"建设高校应着力构建具有中国特色的评价体系，推动高校走内涵式发展道路。2018年《中共中央办公厅、国务院办公厅关于深化项目评审、人才评价、机构评估改革的意见》《国务院关于优化科研管理提升科研绩效若干措施的通知》《科技部、教育部、人力资源社会保障部、中国科学院、中国工程院开展清理"唯论文、唯职称、唯学历、唯奖项"专项行动的通知》等一系列文件明确提出，要打破原有不合理的评价体系，创新教育评价体系。习近平总书记在全国教育大会上明确提出，要扭转不科学的教育评价导向，坚

决克服唯分数、唯升学、唯文凭、唯论文、唯帽子的顽疾，从根本上解决教育评价"指挥棒"问题。2020年10月，中共中央、国务院印发的《深化新时代教育评价改革总体方案》明确提出，制定"双一流"建设成效评价办法，突出培养一流人才、产出一流成果、主动服务国家需求，引导高校争创世界一流。教育现代化建设背景下的"双一流"建设高校，一是要转变观念，认真落实习近平总书记有关讲话精神，深入贯彻党的教育方针和政策，将学校发展的重心放在服务国家发展战略和社会全面发展上；二是以立德树人为根本，以人才培养质量为核心，围绕"双一流"建设的五个方面的建设任务和五大改革任务，全面深化学校综合改革，推动学校走内涵式发展道路；三是充分利用现代信息技术，加快构建基于大数据的高等教育质量监测平台，实现对学校教育教学的常态化、动态化监测。

### 五、增强资金筹措能力，提高资源利用效率

面向教育现代化建设，"双一流"建设高校应增强资金筹措能力，提高资源利用效率。较之于国外多元化的教育投入体系，我国高等教育长期过度依赖政府投入，高校自身筹措资金的能力较差，资源利用率较低，已经成为制约我国高等教育发展的瓶颈。面向教育现代化建设，要求"双一流"建设高校积极拓宽资金筹措渠道，增强资金筹措能力。一是要转变传统的"等、靠、要"思想，积极吸纳社会力量参与学校办学，多途径拓宽学校资金来源，特别是应积极吸纳校友捐赠、社会捐赠，使得学校办学资源来源更加多元化；二是进一步强化与地方政府、企业行业的深度合作，进一步提高学校科技成果的转化率，争取多元资金支持学校发展，让学校在服务地方经济、企业行业发展中得以持续发

展；三是改革内部体制机制，进一步增强学校统筹安排经费的能力，科学、合理利用现有各种资源，优化资源配置、强化动态调控，提高资源配置和资金使用效率。

# 第二章　分类推动高校特色发展

跨入21世纪，全球经济社会发生巨大的变革，随着国际国内高等教育环境的变化和高等教育自身的发展，高等教育的形态和功能不断革新与拓展，各国高等教育体系日益完善，高等教育组织机构的类型也更加多样。当下，我国高等教育正处于新的发展周期，高校分类发展、提高办学水平是核心任务之一。2017年，国家明确提出新的高校分类方案，中央和地方全力推动高校的分类发展。目前，高校分类改革试点逐步推进，基本完成结构性布局，分类发展不断深化，部分高校已在转型的轨道上前进并且取得了显著的成效。但由于我国高校数量庞大、结构复杂，推进高校分类发展仍然任重道远。2019年，中共中央、国务院发布了《中国教育现代化2035》，强调要分类推动高校高水平发展，将高校分类改革引向深入，力争在2035年实现我国高校的结构优化和科学分层分类。为此，相关部门与高校应结合分类发展相关理论，推动形成多元协同管理机制，优化以多元特色发展为导向的分类指标，探索建立分类评估体系及支持机制，并持续深化地方本科院校的转型发展改革。

# 第一节　分类推动高校特色发展的形势与背景

国家出台政策对高等教育进行分类引导，是经济社会发展的现实需要，也是高等教育发展的必然要求。一方面，高等教育正在从大众化向普及化阶段转变，高校、学生数量都大幅增长；另一方面，为了适应经济社会的发展，高校的功能和类型不断优化细化，高等教育格局发生了巨大变化。

## 一、分类推动高校特色发展的国际形势

从世界范围看，经济社会形势已经发生了巨大变革，新技术革命正在改变高校的形态和作用，高等教育的职能、管理方式和人才培养体系再次受到挑战。面对高等教育外部环境的巨大变革和内部自身发展逻辑演进的需求，高等教育的形态和功能不断丰富，世界高等教育转向多元化发展，高等教育分类发展成为国际共识。

### （一）新技术革命呼唤人才多样化

2011年11月，德国政府提出将"德国工业4.0"作为《德国2020高技术战略》的重心。此后，许多国家都发布了类似的政策性文件，以智能制造为主导的新技术革命在全球拉开帷幕。之前的历次工业革命都带来了新的引领产业，提高了生产效率。但此次新技术革命将改变现有的成熟业态，产生许多新业态，未来高等教育毕业生面临的就业市场将与现在十分不同。未来的就业环境将有可能出现大规模的、短周期的技术性失业。因此，为了主动应对新一轮科技与产业变革对教育带来的冲击，支持、服务社会经济体系创新驱动发展，全球教育领域都做出

了迅速反应，纷纷制定了未来教育的发展目标，描绘了未来教育的发展蓝图。联合国提出了《教育2030行动框架》；美国新媒体联盟发布了《2016地平线报告（高等教育版）》，涉及影响高等教育的新兴技术、高等教育运行模式的改革等内容；德国联邦教研部和联邦职教所于2016年4月联合提出了德国"职业教育4.0"的倡议。从传统教育到终身教育、智慧教育、全民教育的转变中，新一代信息技术革命正在改变高等教育的形态、职能、作用，再次挑战高等教育的职能、管理方式和人才培养体系。因此高等教育对人才多样化的需求将更加迫切。

### （二）世界高等教育系统转向多元格局

世界高等教育系统转向多元格局可以从两方面来看。一方面，高校职能逐渐丰富。高等学校职能是指高校依据社会分工应该承担的工作内容和责任，这是高校作为社会组织发展的依据。① 随着经济的发展和社会的进步，高等教育职能经历了范围的不断扩大，从单一的传授知识的职能转变为教学、科研和社会服务三项职能。然而，并非所有高校都能同时承担三项任务，正如克拉克·克尔（Clark Kerr）认为的，不是所有的高校都必须履行全部的职能，不同学校可以有不同选择和侧重。② 因此世界高等教育系统中逐渐出现了研究型大学、教学型大学、应用科学大学、职业学院、社区学院等不同形式的大学和学院，大学功能也趋向多元。另一方面，高深知识不断分化。高校的活动是以高深知识的创造、分析和传播为中心的，不同层次的教育传递的知识内容在深度和

---

① 朱国仁. 高等学校职能论［M］. 哈尔滨：黑龙江教育出版社，1999：44.
② 克拉克·克尔. 大学的功用［M］. 陈学飞，陈恢钦，周京，等，译. 南昌：江西教育出版社，1993：4-12.

广度上是不一样的。① 大学在发展中经历了精英化向大众化、普及化的模式转变，而承担精英教育和普及教育的大学需要提供的知识系统是不一样的。此外，随着科学技术的发展，知识分化越来越精细，知识更新越来越快，高校的学科也日益增多，高校不再只是培养百科全书式的人才，也开始为学生提供以掌握有用知识为目的的专业教育。但不同类型的高校传播的知识是有边界的，因此出现了综合大学和专业学院、多科型大学和单科型大学等分类，同时出现了不同的学位教育。新技术革命的发展也带来了新的大学形式，比如全球第一所"游学大学"——密涅瓦大学，没有实体校园，学生大学四年分别在七座城市游学。由此可见，世界高等教育发展正在走向多元化。

### （三）高等教育分类发展成为国际共识

由于高校扩招和机构功能的多样化，各国高等教育机构出现了类型分化和结构重组，高校类型不断增多。世界各国纷纷制定了引导高等教育分类发展的方案，从而优化高等教育结构，丰富高等教育功能。目前，主要发达国家高校已经形成了多层、多元、多规格的结构，比如研究型大学、应用科技大学、社区学院、文理学院等。这既是学校竞争的结果，也是高等教育可持续发展的需求。一些国际组织及大多数发达国家都出台了高等教育分类发展的标准，比较有代表性的有联合国教科文组织制定的《国际教育标准分类法》、欧洲的高校分类方法等。② 在国际层面，人们对按研究和应用两个维度来进行分类已经具有普遍共识。

---

① 朱国仁. 挑战与创新：构建新经济时代的中国高等教育［M］. 南京：南京师范大学出版社，2001：39.
② 王楠. 高等学校分类的欧洲经验与中国思考：就高等学校分类的路径和价值与弗兰斯·范富格特教授的对话［J］. 清华大学教育研究，2013（5）：65-69.

联合国教科文组织的《国际教育标准分类法》将高等教育分为5A、5B两类，分别培养学术型人才和应用技术型人才。5A相当于本科高校，职业院校则被划入5B类。在新的发展形势下，各国也在不断探索和完善分类发展的方法，更加突出以高校为核心，审核标准逐渐细化并不断提高。为了适应经济社会的发展，世界主要发达国家的高等教育体系在传统大学系统以外建立了不同层次和类型的高等教育机构，总结起来可以分为学术理论型、专业应用型和技术实用型三大类型，每种类型对应相应的高等学校系统，使之适应经济社会对人才多元化的需求（表2-1）。

表2-1 当代高等教育类型与高校分工

| 国别 | 学术教育（理论型） | 专业教育（应用型） | 技术教育（实用型） |
| --- | --- | --- | --- |
| 美国 | 综合大学 | 专门学院 | 社区学院<br>技术学院 |
| 英国 | 传统大学 | 工业大学<br>专门学院 | 多科技术学院 |
| 德国 | 综合性大学 | 工业大学 | 高等专科学校<br>职业学院 |
| 法国 | 传统正规大学 | 大学校 | 短期技术学院<br>高级技术员班 |
| 日本 | 综合性大学 | 综合性大学 | 短期大学<br>高等专科学院<br>技术科学大学 |
| 韩国 | 综合性大学 | 专科大学 | 初级职业大学 |
| 新加坡 | 国立大学 | 理工学院 | 技术学院 |

资料来源：潘懋元，董立平. 关于高等学校分类, 定位, 特色发展的探讨[J]. 教育研究, 2009（2）：34-35.

## 二、分类推动高校特色发展的国内背景

我国经济社会的发展迎来了结构转型期，新技术革命进一步助推了经济社会全方位的变革发展。经济社会的发展及新技术和产业革命的到来，迫切需要高等教育通过转型来发挥创新引领及支撑的作用。而高等教育系统本身在发展过程中也暴露出一些短板，需要通过分类发展实现结构性调整。

### （一）现代经济体系对高等教育提出新要求

我国经济社会迈入了新的转折发展期。目前，经济社会正在经历结构的调整及发展方式的转变，业态结构不断优化，区域战略日益多元。2015年，国务院发布了《中国制造2025》，旨在推动发展战略性的新兴产业，强化科技创新。十九大报告提出要建设促进实体经济、科技创新、现代金融及人力资本协同发展的现代化经济体系，加速经济发展的质量升级和效率升级，推动数字经济与实体经济的有机融合。此外，国家还要发展战略性新兴产业，提供新型人力资源服务，将原来的劳动力密集产业上升到战略性新兴产业的高度，人才供给与需求发生极大改变。教育需要通过与现实的生产劳动和社会实践相结合，积极为社会经济现代化建设服务，但目前的高等教育人才培养体系难以应对产业的转型升级，无法满足经济社会现代化转型对创新型、应用型及复合型人才的需求。

### （二）新技术革命对高等教育提出新挑战

新技术的出现推动了教育变革的到来，即信息化时代的新技术、新知识的迭代、融合、应用。互联网、大数据、云计算以及人工智能等新技术不断涌现，带来了传统岗位的消失和新岗位的产生，岗位的更迭直接导致对人才知识和能力诉求的变化。由于知识更替速度的加快以及新

岗位的不断产生，传统模式下培养的学生，一旦进入社会都需要重新学习。此外，新技术革命对高等教育的学校形态、学位制度、课程设置等方面带来了新的机遇和挑战，科技公司和教育、学校的边界也越来越模糊。

### （三）普及化阶段高等教育结构展现新布局

我国高等教育已迈入普及化初级阶段。目前，我国高等教育体量、规模和结构已经发生了巨大的变化。教育部发布的2019年全国教育事业统计数据显示，我国共有普通高等学校2 688所，各类高等教育在学总规模4 002万人，高等教育毛入学率51.6%，进入普及化发展阶段。[①]从发达国家的发展历程来看，高校分层分类与大众化、普及化进程相一致。普及化阶段不仅是数字指标的达成，它更意味着入学对象、学校管理、教学形式、专业布局都将出现新的变化，整个高等教育系统将更加开放化、现代化和多元化。

---

① 教育部. 2019年全国教育事业发展统计公报［EB/OL］.（2020-05-20）［2021-05-08］. http://www.moe.gov.cn/jyb_sjzl/sjzl_fztjgb/202005/t20200520_456751.html.

## 第二节 分类推动高校特色发展的现状与问题

目前，我国高等教育发展正处于一个新周期，高校分类发展、提高办学质量是现阶段高等教育的核心任务之一。中央和地方一直致力于推动高校的分类发展，2017年我国明确提出了高校分类体系，即以人才培养定位为基础，将我国高等教育分为研究型、应用型和职业技能型三大类，基本完成了结构性布局，并与省级高校分类设置管理并重，分类探索正处在不断深化的过程中。随着改革试点的推进，部分高校已在转型的轨道上取得了丰硕的成果，但现阶段我国高等学校数量庞大、结构复杂，在推进分类发展的过程中也面临着许多挑战。

### 一、国家推进分类发展宏观布局，分类指标体系建设仍需优化

"十三五"规划指出要把教育的结构性改革作为发展主线，推动高等教育分类发展，以人才培养定位为基础建立高等教育分类体系。基于此，国家层面根据产业升级及高校结构转型的需求设置了"顶天立地"的分类发展格局。

（一）分类发展完成初步布局

第一，出台"双一流"建设方案，建设一批世界领先的大学和学科。党的十九大明确提出"加快一流大学和一流学科建设，实现高等教育内涵式发展"。2015年，国务院印发《统筹推进世界一流大学和一流学科建设总体方案》，对新时期高等教育的建设做出了新的部署，将"211"工程、"985"工程及"优势学科创新平台"等重点高校及优势

学科建设项目统一纳入"双一流"建设，集中优势资源建立一批能够达到世界先进水平的高校和学科，回应人民群众对优质教育的诉求。在国家政策的推动下，各省、自治区、直辖市积极出台配套措施促进"双一流"建设，明确了"双一流"建设目标。此外，各省、自治区、直辖市以推动"双一流"建设为契机，积极推动省域高校分类发展。比如广东省在对接国家政策的基础上，综合地方发展需求提出了"分层次、有重点地推进不同类型高校发展"的策略；安徽省制定了分类发展的目标并积极探索高校分类建设、投入评估、管理的机制。

第二，引导地方普通本科高校转型，建立一批对接区域产业结构的应用型高校。一大批地方本科院校同质化发展日趋严重，在应对产业转型升级方面十分疲软。因此，2015年教育部、国家发展改革委、财政部出台了《关于引导部分地方普通本科高校向应用型转变的指导意见》。文件提出根据地方经济社会发展需要，推动一批具备条件的地方本科院校向应用型转变，把办学目标转向培养应用型和技术技能型人才，着力提升学生就业创业能力。广东、河南、四川等20多个省、自治区、直辖市纷纷出台了引导部分普通本科高校向应用型高校转变的政策，运用改革试点和项目建设的方式引导转型，并从简政放权、专业调整、教师队伍建设等方面给予转型高校相关的配套支持。300所地方本科高校参与改革试点，大多数高校以学校整体转型的形式申报，一些高校通过二级学院试点转型，各省、自治区、直辖市陆续建立了应用型本科高校联盟。上海市在其制定的全国首部地方性高等教育法规《上海市高等教育促进条例》中明确规定推动应用型本科高校建设，指导高职高专学校特色发展，并推动建立与高职高专、应用型本科、专业学位研究生教育相衔接的应用型高等教育体系。

## （二）现行分类体系亟待优化

在分类标准上，我国高校已有不少的分类维度。按重点与非重点分，有"985"工程、"211"工程和"双非"高校；按管理体制分，有部属高校和省属高校；按资本属性分，有公办高校和民办高校；按学位授予层次分，有博士授予点高校、硕士授予点高校、学士授予点高校及专科类院校；按招生批次分，有普通一本院校和二本院校；按办学形式分，有普通高校、成人院校；按学科门类分，有综合型院校、理工科院校、师范类院校、外语类院校等。以上都是较常见的分类方法，但现有分类在引导现有数量的高校合理布局、特色定位方面一直受到质疑。

第一，分类体系存在滞后性。分类体系应该随着高校类型的丰富和结构的变化不断调整，比如美国卡内基教学促进基金会先后推出1973年版、1976年版、1987年版、1994年版和2000年版五个分类版本。为适应经济社会发展的需要，高校的规模、类型、层次等也会发生相应的变化。新中国成立70多年来，随着改革开放和高等教育大众化的推进，我国高校类型变得越来越丰富，高校的体制结构也在不断调整，在分化、合并、迁移、升格中转型发展，但分类体系并没有及时反映这种变化。新中国成立以来我国高等教育体系经历了两次大的院系调整，分别是分化及合并。在1952年第一次院系调整中，政府将众多综合型大学拆分成单科或多科型大学、学院，确立了以学科门类为依据的分类法。20世纪80年代的第二次院系调整，将许多专门学院更名为大学，对部分高校进行了合并。一些原本的理工科高校或师范类高校逐渐发展为综合型大学，而原来的分类体系在一定程度上限制了这些学校的发展。2000年以后，我国出现了一批主要由高职、高专升格而来的新建本科院校，而已有的分类体系只能将这部分学校定位于地方本科院校，无法引导新建本科院校发挥多样化的功能。

第二，分类体系导致高校层级固化。目前，中国高等教育已经形成了固化的"金字塔"模型，现有的分类体系推动并强化了这种现象，尤其是重点高校的产生。重点高校主要是按照政府指定的方式产生，在办学过程中没有动态的调整机制，逐渐形成了"层级固化"的局面。在我国，高等教育一直以政府管控为主导，经费来源、招生计划、专业设置等都由教育主管部门控制，而教育主管部门长期以来对重点高校的资源实行优先分配，这种分配的失衡使非重点高校的发展受到制约。虽然理论上任何类型的学校都应该是具有标兵作用的重点高校，但是一些非重点高校为了获取更多资源，在未充分评估自身办学条件的基础上，盲目追随重点高校的办学规模、层次和定位，盲目升格，在导致同质化的同时也为高校的可持续发展埋下了隐患。从国际经验来看，各国高等教育均具有学位层次的分类及办学类型的分类，两者相互联系，而不是互相对立。不同层次和类型的学校拥有明确的办学定位、人才培养特色、学科结构、课程设置、科研任务等，分类不代表学校层次及质量的高低，而是为了满足社会对高等教育多元化的需求，促进高等学校差异化的发展。

第三，分类体系功能单一。现有的分类体系以标志功能为主，缺乏预测功能，各主体难以根据各高校的发展目标、办学现状、服务取向等，引导高校在整个高等教育生态中进行合理定位，向高校发展提供切实可行的"最近发展区"。目前我国高等教育分类体系主要是由教育主管部门设计出的静态指标对高等学校进行分类，采用的是静止的观测点。这种分类方式可以为教育主管部门的管理和决策提供依据，为高等教育利益相关者提供参照信息，却无法对高校自身发展的全面事实进行描述和预判，从而无法引导高校自主定位和分类发展。

## 二、省域积极执行高校分类设置管理，利益相关者参与合作有限

国家宏观布局确定后，各省、自治区、直辖市也开始积极推进区域内高校的分类设置和管理，陆续出台了分类发展的政策。但目前的分类发展以政府主导为主，与分类发展涉及的其他利益相关者合作有限。

### （一）省域相继出台分类发展政策

《国家中长期教育改革和发展规划纲要（2010—2020年）》提出建立高校分类体系后，一些省级政府开始相继出台高校分类管理和发展的政策，比如上海、天津、山东、陕西、云南等。尚未发布文件的省级政府也都积极开展相关工作，比如四川省、江苏省开展了关于分类发展和评价的调研，为下一步制定文件做好充分准备（表2-2）。各省的分类方案主要是在国家提出的分类思路下进行的分类设置，但又根据原有分类体系的问题和各自高等教育发展的情况，在制定分类方案时做出了进一步的调整，主要体现出以下特点。

第一，政府协调、优化配置。高校分类发展的有序进行离不开政府的积极协调，各省、自治区、直辖市政府在分类政策中明确提出了采用分类拨款等方式对各类高校进行分类支持和约束，通过资源的优化配置促进分类发展的顺利进行。第二，层次清楚、分类明确。在推动新一轮分类发展方面，一些省、自治区、直辖市十分注重将分层和分类相互联系，打破"有层无类"的局面，比如云南省在新的分类发展中注重将分层和分类相结合，提出按照"层次+功能"的方法路径对高校进行分类划分。第三，以评促分、科学引导。为了促进分类发展的有效进行，一

些地区已经率先建立了分类评估体系，比如上海和浙江，通过评估推动学校多样性和特色化发展，分类体系一般通过二级指标观测点对高校选择进行引导和强化，以形成性评价为主，测量方法多样。第四，优化体系、自主选择。我国原有分类方式主要以行政指令为主，高校缺乏自主选择意识和选择权，而新一轮分类发展采用高校自主申报的方式，可以促使高校对自身办学情况和发展目标进行科学的认识和思考，提升学校参与分类发展的自主意识。

表2-2 部分省、自治区、直辖市分类发展政策

| 序号 | 省、自治区、直辖市 | 文件名 | 高校类型 |
| --- | --- | --- | --- |
| 1 | 陕西省 | 《陕西省人民政府办公厅关于加强高等教育统筹管理和分类指导意见》 | 普通本科高校、高等职业学校、高等继续教育机构和民办非学历高等教育机构 |
| | | 《陕西省普通高等学校统筹管理与分类指导实施办法》 | 单学科高校、多科型高校、综合型高校和高职院校 |
| 2 | 黑龙江省 | 《关于加强全省高等学校分类管理分类指导的意见》 | |
| 3 | 山东省 | 《关于加强高等学校分类管理和分类指导的意见》 | 应用基础型高校、应用型高校和技能型高校 |
| 4 | 天津市 | 《市教委关于加强高等学校分类管理、分类指导、分类评价的指导意见》 | |
| 5 | 安徽省 | 《安徽省教育厅关于地方高水平大学立项建设分类发展的意见》 | 地方特色高水平大学、地方应用型高水平大学、地方技能型高水平大学 |
| 6 | 河南省 | 《关于促进普通高等学校分类发展的指导意见》 | 高水平综合性大学、特色骨干大学、应用技术大学、高职高专 |

续表

| 序号 | 省、自治区、直辖市 | 文件名 | 高校类型 |
| --- | --- | --- | --- |
| 7 | 浙江省 | 《浙江省普通本科高校分类评价管理改革办法（试行）》 | 研究为主型高校、教学研究型高校、教学为主型高校；根据学科门类、专业数量等分为多科性高校和综合性高校 |
| 8 | 云南省 | 《云南省人民政府办公厅关于加强全省高等学校分类发展和分类管理的指导意见》 | 高水平大学、骨干特色高校、应用型本科高校、技术技能型高职院校 |
| 9 | 重庆市 | 《关于促进普通高等学校分类发展的意见》 | 综合研究型高校、应用研究型高校、应用技术型高校和技能技艺型高校 |
| 10 | 上海市 | 《上海高等教育布局结构与发展规划（2015—2030年）》《上海高校分类评价指标（试行）》 | 学术研究、应用研究、应用技术和应用技能，综合性、多科性、特色性 |

## （二）分类发展缺乏多元主体参与

高校的分化与重组是高校发展的内在逻辑，高校的分类发展则是在理论分析和制度框架的基础上对这种逻辑进行确认。而在高校分类发展过程中，高校与政府、市场不断进行互动和博弈，最终找到自身发展最合适的路径。但目前高等教育分类方案倾向于由单一主体设计和实施，缺乏多元主体共同参与协商、研究和设计的过程。

第一，行政与学术力量合作有限。从目前现有的分类方案看，一种是由教育主管部门主导，另一种是由专家学者设计。分类设计主体会偏向于从自身的视角和利益出发选择分类维度，而不能全面考虑利益相关群体对分类发展的实际诉求。政府作为分类发展的设计主体，出发点是管理者的需求，重点关注的是管理效能，目的是提高政府对高校的管理能力及水平，从而保障高等教育系统的有效运行。因此，办学层次、办学体制是不可或缺的指标。由学者主导设计的分类主要是通过探究大学发展的内在逻辑和知识论的角度对大学进行划分，相对忽视可操作性以及市场对高等教育的塑造力量。此外，分类发展面临的是一个庞杂的高等教育体系，学者型分类设计采集数据的全面性和有效性也难以保证。学术界作为分类主体的目的更多地在于揭示大学发展的规律、大学的本质，研究大学存在的价值与意义和大学发展趋势等。基于这样一种目的，在高校分类标准的选取上往往倾向于办学的思想与理念、学校职能、知识的生成及传播等指标。①

第二，政府和市场力量合作有限。高校的分类发展和政府的引导是分不开的。政府通过颁布相关法规、制定政策意见对高校进行引导和扶持是世界各国采用的普遍手段。例如，德国颁布了《联邦共和国各州统一专科学校的协定》，通过合并和改革的方式将原来的技术类学校改建为高等专科学校，②这部分学校后来发展为应用科技大学。中国高等教育是政府主导型，政府的行政指令对高校的发展具有决定性作用。但改革开放以来，市场力量对高等教育的影响越来越大，高校一方面在市场的推动下发展，一方面又要回应市场的需求。高校逐渐走出象牙塔模式，与市场相结合，形成了新的办学模式和机制，形成了多元化的办学格局。但高校分类体系主要还是由政府主导，缺乏市场观测点。

第三，高校在分类发展中参与程度有限。在分类发展中，高校本身

---

① 赵庆年，祁晓. 高等学校分类管理：内涵与具体内容［J］. 教育研究，2013（8）：49.
② 张冰洁，李维. 德国应用科技大学发展历史研究［J］. 职业教育研究，2017（10）：83.

是最核心的利益相关者,是分类的主体。然而,在分类发展中,高校的参与度及自主参与意识相对较低。我国高校分类发展主要是由政府主导,采取计划管理和行政命令的方式,明确规划高校分属的类型。一方面,高校应该主动接受教育主管部门的指导,将学校的发展与全国高等教育的发展联系起来。另一方面,高校自身也应该对自己的办学历史、办学现状、办学目标、办学特色等有清晰的认识和规划。但目前的分类发展体系无法调动高校的自主意识,高校对自身在整个高等教育系统中的定位以及内部各要素在发展中的定位认知不够,这在某种程度上会压抑高校的自主发展动力,导致同质化发展的结果。①

### 三、分类发展试点逐步推进,高校内涵发展同质化突出

高校分类发展不断推进,地方本科高校转型试点工作也取得了一些成效。但整体来说,高校的趋同化发展趋势依然比较明显。不同办学层次和办学历史的高校在发展中普遍追求"升格""综合性""研究型"等目标,以期发展为"高、大、全"的形式。因此专科学校力争升本、学院盲目扩展学科来升格大学、硕博士学位点不断扩充等现象涌现。拥有硕士学位授予权的单位依然在专科批次招收学生,一些专科学校和高职院校则通过"联合办学"等方式提前招收本科生,为学校专升本做准备。②

---

① 史秋衡,冯典. 美国政府在高校分层分类中的作用及启示[J]. 科学学与科学技术管理,2005(9):91-97.
② 陈冬松. 国际视域下的高等教育分类管理实践及其启示[J]. 吉林化工学院学报,2018(8):9.

## （一）高校职能同质化

随着高等教育规模的不断扩大和社会对高等教育需求的变化，高等教育承担的职能越来越多元。现代高校主要承担人才培养、科学研究和社会服务三项职能，但不同类型的学校在三项职能上的侧重点不同。研究型高校以承担科研为核心，侧重发展研究生教育；地方本科院校主要以教学及应用研究为主，服务地方经济发展。在办学层次上，有的以本科教育为主，有的侧重于专科教育。有的学校以学历教育为主，有的以继续教育为主。有的学校以普通教育为主，有的以职业教育为主。① 但在实际办学过程中，无论是新建本科院校、职业院校，还是行业特色院校，都在朝着"全能型"高校发展，缺乏合理的定位，导致职能边界不清晰，比如许多高职院校试图先完成"专升本"，然后进一步提升办学层次，申报硕士点，沿着"研究型"高校的路径不断发展。

## （二）人才培养规格同质化

不同类型的高校本应该有不同的人才培养规格，比如一些高校注重培养学术型人才，一些高校注重培养技能型人才，不同人才规格对应不同的知识结构。实际的培养结果却是学术型人才过剩，技能型人才紧缺，人才培养呈现"倒金字塔"形，② 导致高校输出的人才无法满足产业变革升级对多样化人才的需求，大学生的就业压力逐年增强。现有的分类方式没有对不同类型的高校在培养学生的理论知识、实践能力和综合素质方面制定明晰的规格，比如研究型高校学生对理论知识掌握的深

---

① 赵庆年，祁晓. 高等学校分类管理：内涵与具体内容［J］. 教育研究，2013（8）：51.
② 朱清时. 大学同质化与中国高等教育发展趋势［J］. 长江大学学报（社会科学版），2009（4）：5-8.

度和广度应该优于应用型和技能型人才，应用型人才要在动手能力上强于研究型大学的毕业生，在理论基础上应强于高职学校的毕业生。

### （三）学科专业设置同质化

在如今的中国高等教育体系中，既有研究型大学，又有教学型院校以及高职高专院校的存在。在这些不同层次和类型的高等院校中，专业重复设置的现象十分严重。有些高校为了获取经济效益，不断扩大招生规模，不顾社会和受教育者需求重复设置专业。[①] 从近年来高等教育的发展趋势可以看出，不仅本科层次专业设置出现严重的趋同性，一些研究型高校也不顾本身的长远规划发展目标，盲目新增博士点和硕士点。一些新建本科院校追求扩招和规模，专业设置盲目求全，用单科学校的底子办综合型大学。一些具备行业特色的大学，由于学科专业设置较为狭窄，在获得资源配置上处于劣势，被迫走上追求研究型、综合化的道路，在学科建设上不顾自身实力"贪大求全"，大量申报无基础和无优势的学科专业。[②]

---

① 宋争辉. 高校专业设置同质化的消极影响及应对策略［J］. 中国高等教育，2011（24）：32-33.
② 杜玉波. 建立分类体系，避免高校同质化［J］. 教育与职业，2011（4）：6.

## 第三节　分类推动高校特色发展的动向与策略

推动高校分类发展是基于高等教育结构调整的需要。分类不是为了建立单一的类型依据，也不是为了便于管理而建立统计意义上的分类法，如学制、办学机制等，而是为了形成适合和推动高等教育结构性调整的机制。根据《中国教育现代化2035》对高校分类发展提出的指导思想和基本原则，未来我国高校分类发展将逐渐形成多元主体协同管理机制，不断优化以特色发展为导向的分类体系，探索建立分类评估体系及支持机制，并持续深化地方本科院校的转型发展。

### 一、形成多元主体合力协作机制

从我国现有高等学校分类来看，缺少多元主体的参与已成为限制高等学校分类体系构建与实施的阻碍。已有的单一主体、封闭式分类发展模式已经无法满足分类利益相关者的诉求。高校分类发展需打破主体单一、自上而下的封闭体系，重建一个多元主体共同参与的开放系统，邀请代表不同利益相关者的群体和个人参与讨论设计。

#### （一）建立国家、地方及高校协同推进机制

推动分类发展，需要建立以国家统筹为基础、地方政府为主导、高校主动参与的协同机制。随着内外部环境的改变，政府、地方和高校均已认同高等教育系统需要多元化的发展。《国家中长期教育改革和发展规划纲要（2010—2020年）》确立了在中央统一领导下的以省级政府为主的高等教育管理体制。目前，国家和省级政府在政策制定中已经开始引导高校分类。高校分类发展涉及多部门的协作，需要国家层面的统筹

协调，推动建立多方主体参与、有效的沟通渠道和协商机制，在宏观上调控资源的分配。[①] 很多省级政府也已经尝试建立了省内高校分类体系，但还需进一步制定结构性调整原则以及院校标准，以便对全省高校进行分类发展指导及资源配置。省级政府相关部门应根据国家布局、地方经济发展的需求和特点，加强对区域高等教育的统筹管理，明确高等教育的科学布局和结构调整目标，引导高校明晰自身的主要职能和发展定位。

## （二）发挥第三方组织在分类设计中的作用

政府应鼓励和推动成立权威、专业的第三方组织参与高校分类的设计和评估，逐步形成政府、高校及第三方组织相互协作的机制。高校的定位与发展既要遵循教育内在的规律，又要满足教育与社会相适应的要求。因此，高校分类发展设计既涉及对实际情况的认识和调控，也涉及科学理论的指导，需要积极发挥第三方组织的作用。第三方组织主要是由研究人员组成的社会团体，在分类发展设计中应负责提供严谨的理论视角和分类方法，剥离与高等教育本质和运行规律相悖的设计思路，真实描述不同高等教育机构的类型特征。而高校则应该在分类指标的引导下进行自主定位，提高办学自主意识，对自身定位需要进行再认识，根据未来新型人才的需求来进行办学定位，由被分类转变为主动选择适合的类型。

## 二、构建特色发展导向的分类指标体系

当前我国高等教育的发展正由外延式发展转向内涵式发展。高等教

---

[①] 赵庆年，祁晓. 高等学校分类管理：内涵与具体内容 [J]. 教育研究，2013（8）：48-56.

育分类发展的设计思路也应该置于多元化发展目标之下，遵循描述性目标与发展性目标相结合，统一规定与特色发展相结合，鼓励和强化高等学校的多样性，促进高等教育机构的内涵差异化发展。

（一）确立分类体系设计原则

一方面，国家标准与地方特色相结合。国家教育行政部门对高校分类发展提出了宏观指导意见，省级政府应该按照各省、自治区、直辖市高等教育实际情况在国家标准的基础上制定适合当地高校发展的分类体系，促进本区域高等教育的协调发展。如果省级政府相关部门只是照搬中央关于高等教育分类发展的指导政策，则不利于促进地方高等教育的多元化特色发展。国家层面将高校分为研究型、应用型和职业技能型三大类型，这是国家教育主管部门在对当前教育形势进行分析后做出的新的判断。目前已经颁布的部分省、自治区、直辖市的分类发展指导意见基本上包括这三个类型，与国家规定相对应。但各省、自治区、直辖市高等教育由于历史原因及社会经济发展的不均衡又具有各自的特点，比如各省、自治区、直辖市高等教育布局不同，"985"高校、"双一流"高校、地方高校的数量及比例不一样；各地区教育经费预算不同，如东部沿海省份和中西部地区的教育拨款差距较大；区域经济发展目标不同，比如长三角地区、京津冀地区、粤港澳大湾区的高校承担的使命不同。因此，各省份在制定分类方案时必须将国家标准和地方特色进行充分的结合。另一方面，描述性与发展性目标相结合。高校分类体系不应该是一个带有强制性的、固化高校等级的分类，而应是一个充分尊重和引导高校多样化发展的工具。其作用不在于从外部控制进而规定高校活动的行为，而在于通过描述高校概况，展现高等教育系统的图景，同时为高校提供发展性目标。分类指标体系对高校类型进行划分，但又不强制规定哪些高校属于某种发展类型，放开调整机制，为高校预留发展空间，进行目标引导，鼓励高校间的竞争，为高校预设的不同发展路径提供政策支持，推动高校自主性发展。这种分类方式不仅可以将学校本身置于横纵向的比较中，还可以预测将来的发展趋势，真正引导高校结构布局的优化。

### （二）建立分类评估指标体系

各级各类政府应逐步推动健全高校分类评估及监测机制，按照分类体系设计高校分类评估及监测标准。在国际层面，分类评估已经是重要趋势，各国纷纷建立了分类评估体系，通过分类评估推动学校多样性和特色化发展。分类评估体系通过二级指标观测点对高校选择进行引导和强化，以形成性评价为主，测量方法多样。比如美国评估制度最完善的田纳西州高等教育委员会（Higher Education Commission）制定了《绩效拨款体制下的质量保障》，在大学和社区学院两类高等教育机构的基础上构建了分类评估体系。[①] 分类评估主要采用审核评估的形式，充分尊重各高校的办学目标定位、自主权和办学特色，按照"一校一标"的原则对高校设置的质量标准、实施过程及达成情况加以审核。[②] 为了促进分类发展的有效进行，实现分类引导、分类设置、分类评估，我国一些省级区域已经出台了分类评估体系，比如上海和浙江，但大部分地区尚未制定相关体系。

如上文所说，如果把高校分为三大类和若干亚类，评估体系既要体

---

[①] 孙丽昕. 美国公立高校分类评估指标体系：特点与启示：基于田纳西州的实践 [J]. 中国高等教育评估，2013（4）：69-74.

[②] 别敦荣，易梦春，李志义，等. 国际高等教育质量保障与评估发展趋势及其启示：基于11个国家（地区）高等教育质量保障体系的考察 [J]. 中国高教研究，2018（11）：35-39.

现不同高校之间的共性和内在规律，又要根据每类高校不同的发展目标体现差异化的评价导向，引导高校多元发展。首先，在指标设计时，不同类型高校在一级指标上几乎具有相同的维度，都包含人才培养、科学研究和社会服务的指标，但二级指标开始体现出差异。分类评估主要以二级指标、三级指标的差异来引导和强化高校的特色发展，这两级指标的内容将会体现出不同类型高校发展的不同侧重点。比如科研方面，学术型高校注重科研的原创性，更多地承担国家重大纵向课题；应用型高校注重科研的应用及推广性，与企业共同承担横向课题。学术型高校重视国际化，服务国家战略发展；应用型高校注重地方性和行业性，服务区域发展。其次，各类型高校的相同指标应该设置不同的权重、标准与观测点，反映不同类型高校的个性特征，比如人才培养和科研权重的差异，教师队伍结构中"双师型"教师的占比等。

### 三、持续推动地方本科高校转型发展

引导地方普通本科院校转型发展是国家推动高校分类发展的核心措施。2014年，国家启动了地方本科院校转型发展工作。根据教育部公布的《2015年全国高等学校名单》，截至2015年5月，地方普通本科院校有1 108所，占全国普通本科院校总数的90.9%，是分类设置高校中最庞大的群体。从办学历史来看，这些高校中既有办学历史悠久的本科院校，也有2000年之后出现的新建本科院校，这些新建本科院校多数由高职、高专升格或合并而来，是转型发展的主体。[①]地方普通本科院校的成功转型将会有效促进高等教育战略性的结构调整，发挥地方院校

---

① 钟秉林，王新凤. 我国地方普通本科院校转型发展实践路径探析［J］. 高等教育研究，2016（10）：20.

大军为区域产业提供人力资源和智力支撑的重要功能，从而积极应对社会经济转型发展的需求变化。

国务院发展研究中心公共管理与人力资源研究所"新发展理念下的我国应用型高校发展模式研究"课题组在其内刊《国务院发展研究中心调查研究报告》发表的文章中指出，自推动应用型高校建设以来，转型工作顺利开展，取得了一定成效。主要表现为：试点高校在明确定位、优化学科专业设计、推进产教融合、加强实践教学、建设双师型队伍等方面有诸多探索，带头企业与高校共建特色院系和班级方面形成了一定模式；部分试点院校在学校发展势头和学生就业方面都有所提升。但要实现预期效果还面临观念、体制、政策上的多重障碍，未来转型之路要在以下几个方面实现突破。

### （一）引导转型高校合理定位

引导转型高校稳定办学层次，明确目标定位，建立一批对区域和产业发展具有较强支撑作用的高水平应用型高校。在观念认识上，学界对应用型高校的内涵和界定存在不同理解，社会上对应用型高校的办学类别、层级也存在认识误区。因此在实际办学中，转型高校存在盲目追求"升格"的现象。地方本科转型高校应克服这种功利的办学倾向，根据办学历史、办学条件及办学目标进行正确定位，将办学重点落实在办学质量和效益的提升上。在本科层次上，转型高校要集中精力办好本科教育，力争建设一批一流本科专业，一部分办学基础较好的学校可以尝试举办专业学位研究生教育，开展应用导向的研究。在办学目标上，地方本科转型高校还应重点加强对办学特色的培育，根据区域发展特点及需求，加强对特色专业的建设，创新管理体制，实现从标准化向特色化、品牌化的发展。

## （二）分类支持各类转型高校

建立对转型高校分类支持的体系，优化资源配置，鼓励支持高水平有特色的民办高校的发展。为了推动分类发展的进行，教育部按照高等教育分类发展和现代职业教育体系建设的要求，加快建立拨款制度，扩大对地方转型高校财政投入的倾斜力度，[①] 各省、自治区、直辖市政府也出台了相应的配套政策。对于一部分在办学初期就定位建立应用型高校且办出了一定成效和特色的本科高校，政府应该加大资金的支持力度，使其成为这次转型的"带头人"，起到示范引领作用。此外，政府支持范围可以适当扩大。在转型高校中，除地方公办高校外，不少民办高校、独立学院，因其具备民办机制的灵活优势，对市场十分敏感，体制机制束缚相对较少，办学理念较为开放，管理模式更为灵活，较为适合做改革的先锋。对于这类学校，教育主管部门可统筹兼顾，加大支持力度，既可以体现对公办、民办高校一视同仁，又可以提高转型的整体效率。

## （三）分类指导应用型专业建设

积极推动建成一批一流应用型专业，逐步实现高校内涵式特色化发展。各省、自治区、直辖市政府已开始围绕全省重点发展的支柱产业、新兴产业和特色产业需求，调整专业布局，建立专业动态调整机制，从而优化学科专业结构，适应区域经济社会的发展。目前，山东省制定了应用基础型高校和应用型高校学科建设标准，应用基础型高校应用型学科和基础型学科并重，应用型高校重点建设应用型学科，并且在指标体系遴选、评价验收标准方面加强分类指导。陕西省建立了多元

---

① 人民网. 教育部将多措并举支持部分地方本科高校转型发展［EB/OL］.（2014-04-25）［2018-03-21］. http://edu.people.com.cn/n/2014/0425/c1053-24944813.html.

参与主体的专业指导委员会，委员会既包括学科专家教授、学校管理层、教职员工，也吸纳行业带头人，共同制定陕西省高校专业建设分类评价体系。重庆市也积极推进学科专业分类建设，在综合研究型高校中重点建设世界一流学科专业，并努力增加进入基本科学指标数据库（Essential Science Indicators，简称ESI）排名前10%的学科；在应用研究型高校中重点建设与地方社会经济发展相匹配的优势特色学科，推动这部分专业进入国内先进行列；在应用技术型高校中重点建设与企业直接对接的专业体系；在技能技艺型高校中主要以岗位需求为导向进行专业设置。

### （四）推动产教融合制度化发展

2017年12月，国务院发布的《关于深化产教融合的若干意见》中明确提出要充分调动企业参与产教融合的主动性和积极性。[1]但从目前的实际情况来看，由于企业在参与产教融合过程中的权益无法得到保障，企业参与的动力不足，参与程度仍停留在浅层次。因此，在深化产教融合过程中，通过保障企业利益调动企业行业积极参与是主要着力点。但目前我国已出台的相关教育法律与政策，比如《中华人民共和国职业教育法》《关于深化产教融合的若干意见》等并没有体现企业参与产教融合的权利和义务，只是做了倡导性的规定。事实上，德国、加拿大、澳大利亚等国已经建立了有关产教融合的法律保障、组织保障和经济保障等相关机制，将企业参与产教融合的权益保障落到实处。[2]我国

---

[1] 国务院办公厅关于深化产教融合的若干意见[J]. 中国对外经济贸易文告，2018（8）：6-12.
[2] 周凤华. 德澳美三国行业组织与职业教育[J]. 中国职业技术教育，2009（25）：40-41.

应加快建立产教融合的制度性保障,明确操作细则和具体问责制度。

(五)深化"双师双能型"教师队伍建设

通过政策引导,构建长效发展机制,建设一支具有师德修养、育人能力、专业知识、实践能力的应用型教师队伍。2018年1月,中共中央、国务院在《关于全面深化新时代教师队伍建设改革的意见》中再次强调,建设一支技艺精湛、专兼结合的高素质双师型教师队伍对高校转型发展具有重要意义。对于地方转型高校来说,促进教师向"双师双能型"教师转型是趋势,也是途径。目前,很多转型高校已经开始推进"双师双能型"教师队伍的建设,规范"双师双能型"专职教师招聘要求,健全"双师双能型"教师入职培训体系。除此之外,高校需采取进一步的措施深化"双师双能型"教师队伍的建设:第一,建立"双师双能型"教师的认证制度,推动教师队伍规范化发展;第二,建立"双师双能型"教师培训机制,保障教师在学术理论和实践应用两方面都能达到专业标准;第三,建立"双师双能型"教师评价体系,对"双师双能型"教师实行分类考核,教师的技术创新和发明、专利在绩效考核和职称评聘中与学术论文同等重要。此外,还应培育促进"双师双能型"教师成长的包容性环境,不断激发教师向"双师双能型"转型的动力。

# 第三章　加快发展现代职业教育

　　面对新一轮科技革命和产业变革，发展现代职业教育、培养高技能人才已经成为各国促进经济社会发展的共识。近年来，职业教育为我国经济社会发展提供了有力的人才和智力支撑，现代职业教育体系框架全面建成，办学体制改革成效显著，高技能人才培养质量逐渐被认可，服务经济社会发展能力和社会吸引力不断增强。但是，我国职业教育办学方向和布局结构不尽合理、办学主体单一、人才培养质量参差不齐、企业参与办学积极性不高、教师队伍结构不合理、配套政策不健全等问题依然存在。《中国教育现代化2035》明确提出：加快发展现代职业教育，不断优化职业教育结构与布局；推动职业教育与产业发展有机衔接、深度融合，集中力量建成一批中国特色高水平职业院校和专业。面对现实问题及新要求，推动新时代职业教育不断改革发展，就必须做到：坚定应用型办学方向，优化职业教育结构与布局；健全多元化办学体制，积极鼓励社会力量办学；深化产教融合，推进协同育人机制创新变革；扩大职业教育资源供给，促进职业院校高质量发展；加大多方投入力度，助推职业教育现代化建设。

## 第一节　加快发展现代职业教育的形势与背景

当前，我国正处在全面实现小康社会、开启第二个百年奋斗目标征程的新阶段，是加快教育现代化建设的关键时期，需要牢牢把握加快发展现代职业教育这一战略目标。面对新一轮科技革命和产业变革新形势，发展现代职业教育、培养高技能人才已经成为各国促进经济社会发展的共识。随着我国进入新的发展阶段，产业升级和经济结构调整不断加快，各行各业对技术技能型人才的需求越来越紧迫，职业教育的重要地位和作用越来越凸显。总体而言，加快发展现代职业教育是主动应对国内外经济社会发展形势与背景的必然要求和战略之举。

### 一、加快发展现代职业教育的国际形势

（一）加快发展现代职业教育是应对新科技革命和产业变革的需要

进入21世纪以来，世界范围内以信息化和"再工业化"为基本特征的新一轮科技革命和产业变革正在加速进行，突破性技术革新不断涌现，产业化进程加速推进，新的产业组织形态和商业模式层出不穷，主要体现为信息技术全面应用、大数据思维与管理，以及智能制造潜力释放等。①新一轮科技革命引发产业变革，产业变革继而引发人才市场变化，新产业、新经济对高技能人才的需求加大，因此高技能技术人才已经成为各国重要的战略人才资源。改革开放40多年来，我国职业教育

---

① 黄群慧. 从新一轮科技革命看培育供给侧新动能［N］. 人民日报，2016-05-23（15）.

体系不断完善，但是高技能人才的质量与国际先进水平相比仍存在很大差距。2019年10月，世界经济论坛（World Economic Forum）发布《2019年全球竞争力报告》，报告显示中国的全球竞争力在141个国家和地区中位居第28位，领跑金砖国家，保持最具竞争力的新兴市场地位；而在那些与职业技能、技术成熟、劳动质量等密切相关的关键指标方面，排名则较为靠后。如最新技术可用性排第64位，职业培训质量和技术工人可得性排第41位，劳动力技能排第37位，员工培训程度排第38位，劳动力多元化仅排第78位。①

新一轮科技革命和产业变革给教育提出新难题的同时，也提供了新的改革方向和发展空间。当前，主要发达国家都在积极行动，系统调整高等教育结构，制订实施高等职业教育改革的前瞻性战略规划，作为应对危机、促进就业、迎接新技术革命挑战的重要举措。我国同样不能例外，迫切需要通过加快发展现代职业教育来补齐高技能人才储备不足的"短板"，从而提高促进经济社会发展的综合能力。面对新一轮科技革命和产业变革的新形势，加快发展现代职业教育是乘势而上、顺势而为的主动选择。

## （二）加快发展现代职业教育是各国促进经济发展的通行做法

人力资源是经济社会发展的第一要素。一些国家通过对"投资人力资本和社会资本"的讨论和实践，认为是否拥有擅长的技术技能不仅在很大程度上影响个人的生活质量，而且也会影响社会经济发展的可持续性。长期的实践探索也证明，如果不对技术技能型人才进行有效开发投

---

① World Economic Forum. The Global Competitiveness Report 2019 [R]. Switzerland: WEF, 2019: 154-157.

资，这些人才将徘徊在社会的边缘，国家也将失去在知识社会中的竞争力。因此，加快发展现代职业教育，增加对职业教育与技能培训的投资已经成为21世纪国际通行做法。当前，随着新型工业化的推进、科学技术的发展以及全球经济的持续改革，一些发达国家经济体为在新一轮国际竞争中建立巩固的、可持续的人才和技术竞争优势，都将发展现代职业教育作为增强国家竞争力特别是发展实体经济的战略选择。其中，美国教育部《战略计划2014—2018》提出的战略目标之一就是增加急需的拥有高技能领域学位的人才。经济合作与发展组织（OECD）提出了一个全球性、跨政府的"技能战略项目"，帮助各国提高教育和培训机构满足市场需求的灵敏性，改善职业教育培训的质量和效率，增强学习的灵活性和技能的转换性，提高进入学习及培训机构的便利性。

2008年全球金融危机以来，特别是2020年新冠肺炎疫情的暴发使得全球经济持续衰退，我国经济发展也受到冲击，经济增速放缓。2009—2020年，我国国内生产总值增速由9.1%降至2.3%，经济发展高速增长转为中高速增长，经济结构不断优化升级，发展动力从要素驱动、投资驱动转向创新驱动，经济发展进入新常态。面对我国经济社会发展的转型升级，急需把加快发展现代职业教育摆在教育改革创新和经济社会发展中更加突出的位置，着力培养一大批高素质劳动者和技术技能型人才，为促进经济社会发展和提高国家竞争力提供优质人才资源支撑。习近平总书记强调，在全面建设社会主义现代化国家新征程中，职业教育前途广阔、大有可为。

## 二、加快发展现代职业教育的国内背景

### (一) 加快发展现代职业教育是制造业转型升级的内在要求

我国是制造业大国,但多数制造产业还处在产业链的中低端。要实现制造业强国的目标,应对日趋激烈的国际竞争,就必须增强忧患意识,把握大势,加快发展现代职业教育,掌握发展的主动权。[①] 当前,适应把握引领经济发展新常态,全面实施《中国制造2025》《中华人民共和国国民经济和社会发展第十四个五年规划和2035年远景目标纲要》,大力改造提升传统产业,实现制造强国的战略目标,关键是要以人才资源为支撑,尤其是要健全多层次的技术技能型人才培养体系。与美国、英国以及欧盟相比,在制造业人才培养的规模上,我国每年培养的工科专业毕业生总量较为庞大,占世界工科毕业生总数的比例超过1/3。[②] 但是,我国工科院校专业布局与制造业转型发展形势相比还有差距,面向产业需求的教学内容与课程体系改革相对滞后,支撑产业升级的人才储备尤其是高层次技术技能型人才和创新型人才明显不足,内外资源协同运作不畅,产教融合不够深入,工程实践创新链条还存在断裂脱节等问题。

加快发展现代职业教育,需要面向当前行业急需和未来产业发展需求,提前进行人才布局,从人才供给侧结构性改革中破解我国职业教育"大而不强"的问题,培养具有创新创业意识、数字化思维和跨界整合能力的高技术技能型人才,从而获得全球竞争优势。

---

① 刘延东. 加快推进职业教育现代化 开创我国现代职业教育新局面:在推进职业教育现代化座谈会上的讲话[EB/OL].(2017-01-24)[2019-03-12]. http://www.jyb.cn/zgjyb/201701/t20170124_427084.html.
② 高文豪. 工程教育要破除僵化机制[N]. 光明日报,2016-09-13(13).

**（二）加快发展现代职业教育是缓解当前就业压力的重要战略**

二战后，在世界政治环境稳定、经济持续发展、科技不断进步的背景下，主要发达国家的高等教育开始了精英化阶段向大众化和普及化阶段转变跃升的过程。高等教育的办学规模和发展速度的提升和加快，促使大学生数量大幅增加。伴随世界高等教育规模的迅速扩张和大学生数量的持续增加，全球劳动力市场的就业压力不断凸显。一方面，高等教育规模扩张为大众提供了更多接受高等教育的机会，满足了社会对高等教育的迫切需求；另一方面，也凸显了大学毕业生增量与劳动力就业市场容量之间的矛盾。如何缓解毕业生就业压力，成为各国高等教育共同关注的问题。①

就业是民生之本、财富之源。加快发展现代职业教育有利于解决我国高技能人才短缺问题，同时也有利于针对性缓解当前就业压力。从实践经验看，是否拥有擅长的技术技能不仅在很大程度上影响个人的生活，而且也会影响社会经济发展的可持续性。目前，一些应届高中毕业生和退役军人、下岗职工、农民工等群体因缺乏"一技之长"而面临很大的就业压力，如果不对其进行有效的开发投资，这些人将继续徘徊在社会边缘，将会影响社会稳定和经济增长活力。2019年政府工作报告首次将就业优先政策置于宏观政策层面，将职业教育摆到了稳定和扩大就业的重要位置。2021年政府工作报告更是提出"就业是最大的民生"。国家对于加快发展现代职业教育，助推经济高质量发展，缓解当前就业压力寄予了厚望。加快发展现代职业教育，需要职业院校承担更多社会

---

① 景安磊. 世界大学生"就业力"评价的发展背景、特点和趋势[J]. 国家教育行政学院报，2016（3）：83-88.

责任和民生责任，打开普通学校封闭办学的大门，着力扩大应届高中毕业生、退役军人、下岗职工、农民工等重点群体的招生规模，对接市场需求，更大规模开展职业教育和培训，帮助这些群体掌握一技之长，实现更高质量、更充分的就业创业。

## 第二节　我国职业教育改革发展的现状与问题

改革开放40多年来，职业教育为我国经济社会发展提供了有力的人才和智力支撑，现代职业教育体系框架基本建成，办学体制改革成效显著，高技能人才培养质量逐渐被认可，服务经济社会发展能力和社会吸引力不断增强，具备了基本实现现代化的诸多有利条件和良好工作基础。但是，与发达国家相比，与建设现代化经济体系、建设教育强国、制造强国的要求相比，我国职业教育还存在着办学方向和布局结构有待优化、多元主体办学格局需要健全、人才培养质量参差不齐、企业参与办学积极性有待提高、教师队伍结构和素养有待提升、有利于技术技能型人才成长的配套政策尚待完善等问题。加快发展现代职业教育，急需解决以上问题。

### 一、现代职业教育体系初步建立，办学方向和布局结构待优化

目前，我国基本建立了由中职、高职、本科有机衔接，职业教育、普通教育、继续教育相互沟通的现代职业教育体系。一是建成了世界上规模最大的职业教育体系。2018年，全国有职业院校1.17万所，年招生规模近930万人，在校生近2 700万人。非学历教育注册学生5 000多万人，共开设近千个专业、近10万个专业点，基本覆盖国民经济各领域。中等、高等职业教育招生分别占我国高中阶段教育和普通高等教育

的41.4%、46.6%，占据我国普通教育体系的"半壁江山"。① 二是实现了从"参照普通教育做"走向"依据专门制度和标准办"。以《中华人民共和国职业教育法》为引领，适应经济社会发展需要，形成了涵盖学校设置、专业教学、教师队伍建设、学生实习、经费投入、信息化建设等方面的一系列制度和标准。② 三是现代职业教育法规政策体系基本建立。2014年，国务院印发了《关于加快发展现代职业教育的决定》，对推进职业教育现代化做出专门部署。随后，现代职业教育体系建设规划、现代学徒制、教育教学改革、职业教育集团化办学、高职教育创新发展行动计划等政策文件陆续出台。2019年2月，国务院正式印发《国家职业教育改革实施方案》，提出了一系列新目标、新论断、新要求，为加快发展职业教育指明了方向。

尽管我国职业教育在发展规模和发展速度上取得了突出成绩，但面对加快发展现代职业教育的新使命，职业教育在办学方向和布局结构方面也存在一些不可回避的问题。一是办学理念相对滞后，办学方向没有根本脱离普通教育的束缚。职业教育是以面向市场、服务发展、促进就业为办学方向的教育，不同于普通教育，但和普通教育同样重要。在产业结构转型升级的新常态下，我国职业教育在相当程度上仍在沿袭普通教育的教育理念、教学内容、人才培养方式等，与现代产业体系的要求存在较大差距，符合市场需求的高技能人才长期供不应求。在区域经济社会发展的人口红利逐渐消失的背景下，职业技能人才储备更加不足。

---

① 教育部. 数说新时代职业教育［EB/OL］. (2019-02-19) ［2019-03-12］. http://www.moe.gov.cn/fbh/live/2019/50294/sfcl/201902/t20190219_370017.html.
② 刘延东. 加快推进职业教育现代化 开创我国现代职业教育新局面：在推进职业教育现代化座谈会上的讲话［EB/OL］. (2017-01-24) ［2019-03-12］. http://www.jyb.cn/zgjyb/201701/t20170124_427084.html.

二是职业教育办学定位不清晰，结构和布局需要优化。一些地区在高职院校布局上与区域发展没有同步规划，一些发展质量高、产业和人口集中地区缺少高技术技能型人才；一些高职院校的专业设置与行业企业需求没有对接，"就业难"与"技工荒"的问题同时存在，"有人没活干"和"有活没人干"并存。三是办学特色不鲜明，职业教育吸引力不强。职业教育是一种不可或缺的教育类型，不代表教育的层次水平。但是，一些职业院校盲目追求提高办学层次，专业设置同质化，教育体系封闭化，学生没有获得高质量职业教育，毕业生的技术技能也不能很好地适应市场需求和岗位职责。另外职业教育长期以来没有得到社会普遍认可，缺乏足够的吸引力，存在"家长不愿送、学生不愿学"的情况。

## 二、办学体制改革取得初步成效，多元化办学主体格局需健全

办学体制改革是现代职业教育发展的重要部分。《国家中长期教育改革和发展规划纲要（2010—2020年）》要求健全政府主导、社会参与、办学主体多元、办学形式多样、充满生机活力的办学体制。2014年的《国务院关于加快发展现代职业教育的决定》、2019年的《国家职业教育改革实施方案》也分别提出了"引导支持社会力量兴办职业教育""建设多元办学格局"的要求。当前，职业教育领域的体制机制改革成效初显。一是在宏观管理层面建立了分级管理、地方为主、政府统筹、社会参与的管理体制，在学校内部治理层面建立了以学校理事会/董事会、教职工代表大会等为核心的内部治理结构。[1] 二是建立了政府

---

[1] 平和光，程宇，李孝更. 40年来我国高等职业教育发展回顾与展望[J]. 职业技术教育，2018（15）：6-17.

主导、行业指导、企业参与的办学机制和管理运行原则，政府办学、行业企业办学、社会力量办学、集团化办学、校企合作办学、股份制办学等多元化办学的体制机制逐渐形成；企业和其他社会力量参与职业教育的积极性不断提高。新施行的《中华人民共和国民办教育促进法》正在通过非营利性和营利性民办学校分类管理的办法对民间投资进行实质性开放，社会资本进入职业教育的渠道正在不断变宽。①

面对转变政府职业教育管理职能、建设多元办学格局的新要求，我国职业教育办学体制在一些深层问题上还存在一些关键的堵点、难点。一是政府包办职业教育的现状没有根本转变，公办职业院校占比过高。目前高职院校的办学体制仍以政府举办为主，公办高职院校占比约80%；办学经费仍以财政性教育经费为主，财政性经费投入占比超过60%。二是在管理体制方面，条块分割、多头管理、政出多门的体制性矛盾仍然存在；高职院校办学自主权下放不够充分，政府对考试招生、培养模式、专业设置、教师管理、经费使用等微观环节管得过多、过细；在内部治理方面，现代职业学校制度不健全，职业院校章程不完善，学校自主办学能力有待加强。②三是企业和社会力量进入职业教育的隐形门槛、身份歧视仍然存在，民办高职院校在生均经费拨付、教师队伍建设、基金项目支撑、奖助学金覆盖面等方面，没有得到与公办高职院校同等的待遇。一些地区在职业教育领域的市场准入、审批管理上设有门槛，企业举办、参与职业教育的动力不足。

---

① 景安磊，周海涛. 社会资本进入职业教育的路径[J]. 法学教育研究，2018（4）：267-276.
② 平和光，程宇，李孝更. 40年来我国高等职业教育发展回顾与展望[J]. 职业技术教育，2018（15）：6-17.

### 三、高技能人才培养逐渐被认可，产教融合、校企合作待加强

职业教育为经济社会发展提供了有力的人才支撑，技术技能型人才培养逐渐被社会各界认可。一是技术技能型人才规模不断扩大。2018年，全国有职业院校1.17万所；中等职业教育和普通专科招生928.24万人，在校生2 685.54万人。其中，全国中等职业教育共有学校1.03万所，招生559.41万人，在校生1 551.84万人，招生数和在校生数分别占高中阶段教育的41.37%、39.47%；高职（专科）院校1 418所，招生368.83万人，在校生1 133.7万人，招生数和在校生数分别占普通高等教育的46.63%、40.05%。① 二是职业院校毕业生成为支撑中小企业集聚发展、区域产业迈向中高端的产业生力军。中职毕业生就业率连续10年保持在95%以上，高职毕业生半年后就业率超过90%，近70%的职业学校毕业生在县市就近就业。在现代制造业、新兴产业中，每年有约70%的新增劳动力来自职业院校。② 三是基本形成产教协同发展和校企共同育人的格局。全国组建了1 400个职教集团，覆盖了90%以上的高职院校、3万多家企业、100多个行业部门，探索开展了订单培养、校中厂、厂中校、现代学徒制等培养模式。其中，分批布局了558个现代学徒制试点，覆盖1 480多个专业点，9万余名学生直接受益。③

面对促进产教融合、校企"双元"育人、高质量发展职业教育的新方略，我国职业教育人才培养供给侧与产业需求侧"两张皮"问题仍然

---

① ② 教育部. 数说新时代职业教育［EB/OL］.（2019-02-19）[2019-03-12]. http://www.moe.gov.cn/fbh/live/2019/50294/sfcl/201902/t20190219_370017.html.

③ 教育部. 在现代制造业等领域一线新增从业人员70%以上来自职校［EB/OL］.（2018-11-08）[2019-03-12]. http://www.moe.gov.cn/jyb_xwfb/xw_fbh/moe_2069/xwfbh_2018n/xwfb_20181107/mtbd/201811/t20181108_354017.html.

存在，当前的职业教育还没有挑起培养我国经济转型所需大批高技能人才的重担。一是关门办学思想仍然影响职业院校与产业行业的紧密对接，产教分离堵住了职业教育发展的"命门"。一些职业院校在教育教学上过多依靠基于课程导向的教学模式，一些专业培养目标和培养结构前瞻性不足，特色不明显，创新型、综合化、全周期职业教育"新理念"没有得到应有重视。二是技术技能型人才培养质量有待提高。职业院校学生的专业基础知识虽然扎实，但面对新技术、新业态、新产业为特点的新经济，缺乏系统化技术技能、创新创业能力和跨界整合能力，运用知识来解决实际工作问题的能力较弱，提不出系统化的解决方案；一些学生擅长解决课堂上的问题，但在接触定义不够完整、不限于唯一解决路径的复杂实际问题时，缺乏与来自不同领域的人合作的经验，尤其是国际视野与多领域沟通能力普遍薄弱。三是企业的职业教育责任意识淡薄，主体作用没有充分发挥。校企合作实践中存在的诸多障碍，如大多数企业认为校企合作耗时费力，投入产出比较低，得不到真正的实惠，不如直接招聘熟练技工。从校企合作方式看，大多数企业仍以提供实习岗位、共建实习实训基地等传统形式为主，企业在培养目标制定、课程体系修订等人才培养核心环节的参与度不高。许多职业教育集团还比较松散，参与各方的职责不够明晰，相关配套政策还不够完善，有的工作还停留在表面，还没有将各方面的办学资源真正转化为人才培养优势和行业企业竞争优势。[①]

---

① 景安磊，周海涛. 社会资本进入职业教育的路径[J]. 法学教育研究，2018（4）：267-276.

## 四、高校教师队伍建设不断加强，队伍结构和专业素养待提升

教师队伍是加快发展现代职业教育的第一资源，是新时代职业教育转型发展的依靠力量。习近平总书记在全国教育大会上强调要把教师队伍建设作为基础工作，并就教师队伍建设提出重要论断、做出战略部署，为加强现代化职业院校教师队伍建设提供了根本遵循。2018年，中共中央、国务院发布《关于全面深化新时代教师队伍建设改革的意见》，该意见对职业院校教师队伍建设同样关注，专门就教师素质提高、"双师型"教师培养、教师实践教学能力、专兼职管理制度等提出明确要求。① 当前，我国职业院校教师队伍建设不断加强，为加快发展现代职业教育提供了有力的支撑和保障。一是职业院校教师队伍规模不断壮大。教育部统计数据显示，2018年我国职业院校专任教师133.2万人，其中，中职学校专任教师83.4万人，本科及以上学历的比例为92.10%，"双师型"教师26.42万人，占专任教师的比例为31.48%；高职院校专任教师49.8万人，"双师型"教师19.14万人，占专任教师的比例为39.70%。② 二是职业院校教师素质能力不断提升。国家实施新一周期职业院校教师素质提高计划，2017—2018年中央财政计划投入13.5亿元，设置300多个专业培训项目，累计组织14.4万名专业骨干教师参

---

① 中共中央 国务院关于全面深化新时代教师队伍建设改革的意见[J]. 中华人民共和国国务院公报，2018（5）：16-23.
② 教育部. "双师型"教师队伍建设有关工作情况[EB/OL]. （2019-02-19）[2019-03-12］. http://www.moe.gov.cn/fbh/live/2019/50294/sfcl/201902/t20190219_370020.html.

加国家级培训和企业实践。① 三是专兼职教师队伍不断优化。截至2018年，各地省级财政列支专项经费用于支持兼职教师聘用，累计投入8.2亿元，支持中高等职业院校1.6万个专业点聘请4.4万名兼职教师，一批企业工程技术人员、高技能人才、能工巧匠等到学校兼职任教。② 此外，通过校企合作、共建"双师型"教师培养培训基地，促进了高职教师和企业人员双向交流合作。

面对全面提高职业院校教师质量、打造高素质双师型教师队伍的新要求，师资数量和质量仍是加快发展现代职业教育的短板。一是规模数量存在缺口。一些职业院校专任教师数量增长速度远远落后于学生数量增长速度，存在总体数量不足和结构性缺编问题。加快现代职业教育发展，生源将大幅增加，职业院校未来将面临更大的教师缺口。二是教师队伍素质能力需要提升，队伍结构需要优化。在素质能力方面，一些学校强调师资队伍的高学历，多数教师缺乏产业经验和实践背景，专业发展渠道受限。面对新技术、新工艺、新规范，一些教师的教育教学能力需要提高。在队伍结构上，同时具备理论教学和实践教学能力的"双师型"教师的比例较小，年龄结构、学历结构、职称结构以及兼职教师与专任教师数量结构比例不合理。③ 三是教师管理制度有待完善。在专兼职队伍建设上，受制于教师资质、户籍地域、事业编制、人事关系等制

---

① 教育部. 2018年全国教育事业发展基本情况年度发布［EB/OL］.（2019-02-26）[2019-03-12]. http://www.moe.gov.cn/fbh/live/2019/50340/sfcl/201902/t20190226_371173.html.

② 教育部."双师型"教师队伍建设有关工作情况［EB/OL］.（2019-02-19）[2019-03-12]. http://www.moe.gov.cn/fbh/live/2019/50294/sfcl/201902/t20190219_370020.html.

③ 平和光，程宇，李孝更. 40年来我国高等职业教育发展回顾与展望［J］. 职业技术教育，2018（15）：6-17.

度因素，一些企业工程技术人员、高技能人才、能工巧匠到高职院校兼职、任教的积极性不高。在校企兼职管理制度方面，教师聘任制度、评价制度等机制仍然僵化，一些职业院校在教师师德师风、专业素质能力、管理制度改革、分类评价体系、地位待遇保障方面的工作仍然需要提升。

### 五、职业教育办学条件不断改善，整体发展环境仍需优化

党的十八大以来，党和国家高度重视职业教育，职业教育迎来前所未有的黄金发展期。一是党和国家高度重视职业教育的改革发展。进入21世纪以来，我国分别于2002年、2004年、2005年、2014年和2021年召开了五次全国职业教育工作会议。在历次的全国职业教育工作会议上都提出要大力发展职业教育，并赋予职业教育重大的历史使命。党的十八大以来，以习近平同志为核心的党中央高度重视职业教育，把职业教育摆在了前所未有的突出位置。二是职业教育经费总投入不断增加。教育部数据显示，2020年，职业教育经费总投入5 630亿元（其中中职教育经费总投入2 872亿元，高职教育经费总投入2 758亿元）。[①] 通过现代职业教育质量提升计划、职业教育产教融合等一系列重大工程和专项投入，职业教育领域打造了一批骨干学校、骨干专业，培训了一批骨干师资，其中，2014—2018年，现代职业教育质量提升计划经费投入累计达800多亿元。除了专项投入外，教育部、财政部等部门还先后就高职院校和中职学校生均经费拨款标准做出规定，形成了职业院校经

---

① 教育部. 2020年全国教育经费执行情况统计快报［EB/OL］.（2021-04-27）［2021-05-07］. http://www.moe.gov.cn/jyb_xwfb/gzdt_gzdt/s5987/202104/t20210427_528812.html.

费稳定投入机制。三是职业教育发展的环境氛围不断优化。2015年，国务院决定设立"职业教育活动周"，定期组织各地开展开放校园、开放企业、为民服务等宣传展示和交流体验活动。①

面对构建现代职业教育投入机制、提升发展保障水平的新部署，职业教育在战略地位、经费投入、社会资本进入等方面仍有痛点、堵点。一是各地对职业教育的战略地位重视程度不一。一些地区对职业教育不重视，落实职业教育相关发展措施和支持政策的力度不够，存在重普通教育、轻职业教育的做法。部分省份财政统筹力度不够，地市级财政保障明显不足，导致职业教育经费投入不到位。尽管各省份均已建立职业院校生均拨款制度，但在实际执行过程中，大部分地方制订了分阶段的达标计划，导致生均拨款制度很难执行到位，生均拨款存在"制度真空"。② 二是社会资本投入机制不健全。社会资本进入职业教育领域的总体规模不大，增速相对缓慢，社会力量投资教育的整体意愿需要全面激活。此外，行业企业举办的职业院校一般在财政没有户头，很多地方行业和企业举办的职业院校得不到公共财政的生均拨款支持，学费以外的办学经费需要企业从主营收入中拨款补助；③ 部分企业深受"不让投""不能投""不愿投"困扰，一些政府和社会资本合作项目的门槛设置过高，审批时限太长，融资难、融资贵等现象普遍存在。三是社会对职业教育的认识存在偏差。许多家长将职业教育看成是一种低层次、低水平的教育，"重学历、轻技能"的社会现象还普遍存在；一些企事业

---

① 教育部. 近期职业教育改革发展和2017年职业教育活动周相关活动介绍［EB/OL］. （2017-05-04）［2019-03-12］. http://www.moe.edu.cn/jyb_xwfb/xw_fbh/moe_2069/xwfbh_2017n/xwfb_07050402/170504_sfcl02/201705/t20170504_303764.html.

②③ 任占营，童卫军. 高等职业教育生均拨款制度实施困境与对策探析［J］. 中国高教研究，2017（8）：101-105.

单位在人才招聘时过分强调学历,职业学校毕业生在应聘时处于劣势甚至受到歧视,且技术技能型人才的待遇保障普遍不高。总体看,"崇尚一技之长、不唯学历凭能力"的社会氛围还没有完全实现。

## 第三节 加快发展现代职业教育的动向与策略

推进教育现代化建设，必须深刻把握职业教育面临的新形势、新任务，立足全局、落实政策、解决问题，推动新时代职业教育不断改革发展。坚定应用型办学方向，优化职业教育布局结构；健全多元化办学体制，鼓励企业和社会力量办学；深化产教融合，推进协同育人机制创新改革；扩大职业教育资源供给，促进职业院校高质量发展；加大多方投入力度，助推职业教育现代化建设。

### 一、坚定应用型办学方向，优化职业教育布局结构

建设现代职业教育体系，需要坚定应用型办学方向，统筹优化职业教育结构、院校布局和专业设置。一是坚定"面向市场、服务经济社会发展、稳定和促进就业"的办学方向。坚持服务经济社会发展和人的全面发展，推动技术技能型人才培养与市场岗位职责对接、职业院校专业设置与产业需求对接、课程内容与职业标准对接、教学过程与生产过程对接、毕业证书与职业资格证书对接、职业教育与终身学习对接。二是做好职业教育与区域发展同频共振。按照国家区域发展总体战略和主体功能区规划，优化职业教育布局，引导职业教育资源逐步向三类地区倾斜：向长三角、京津冀、粤港澳大湾区等经济社会发展质量高、吸纳就业能力强、产业和人口集中的地区倾斜；向经济较为薄弱的西部地区、东北地区和老少边穷地区倾斜，给当地经济社会发展提供更多更好的人才供给；向"三区三州"等乡村振兴重点发展区域倾斜，围绕地区经济社会发展的相关部署，发挥职业教育在乡村振兴中的基础性作用，推动

这些地区实现"教育强民、技能富民、就业安民"。三是科学合理设置专业。健全专业随产业发展动态调整的机制，积极对接现代产业需求，加快与现代农业、先进制造业、现代服务业、战略性新兴产业等密切相关的专业设置，加快与家政、健康、养老、文化、旅游等民生保障领域密切相关的专业设置。四是统筹职业教育和普通教育发展结构，总体保持中等职业学校和普通高中招生规模大体相当，高等职业教育规模占高等教育的一半以上。采取试点推动、示范引领等方式，引导一批普通本科高校向应用技术型高校转型，重点举办本科职业教育。

## 二、健全多元化办学体制，鼓励企业和社会力量办学

健全职业教育多元化办学体制，需要推动职业院校由政府举办为主向政府统筹管理、社会多元办学的格局转变，支持企业和社会力量兴办职业教育。一是强化省级政府统筹和部门协调配合，加强行业部门对本部门、本行业职业教育的指导，加强建设一批职业学校与对应行业部门或品牌企业的衔接机制，减少部门职责交叉和分散，疏通企业和社会力量参与职业教育发展的堵点，统筹投资、专业建设、招生就业、监督评估等事项。① 二是深化"放管服"改革，加快推进政府职能转变，职业教育要从"办"向"管理与服务"过渡。政府主要负责规划战略、制定政策、依法依规监管。发挥企业重要办学主体作用，鼓励有条件的企业，特别是大企业举办职业院校，政府按规定给予适当支持。② 鼓励发

---

① 景安磊，周海涛. 社会资本进入职业教育的路径［J］. 法学教育研究，2018（4）：267-276.
② 国务院关于印发国家职业教育改革实施方案的通知［J］. 中华人民共和国国务院公报，2019（6）：9-16.

展股份制、混合所有制等职业院校和各类职业培训机构。支持发展一批品牌化、连锁化和中高职衔接的职业教育集团。三是加快研究出台配套支持政策和操作办法，制定社会力量（包括外资）进入职业教育的具体方案，引导其对职业教育发展的积极预期。鼓励新增职业教育服务和产品由企业和社会力量提供，鼓励企业和社会力量参与境外办学，稳妥推进境外职业教育办学。四是对接新《中华人民共和国民办教育促进法》，加快《中华人民共和国职业教育法》修订工作进程，建立公开透明规范的民办职业教育准入、审批制度，探索建立民办职业教育负面清单制度，放宽对民办职业教育办学层次和办学硬件的不合理限制，消除有关的隐形壁垒，破除社会资本进入职业教育的法律和政策障碍，取消对社会资本单独设置的附加条件和歧视性条款，做到同股同权，保障社会资本合法权益。[1]

### 三、深化产教融合，推进协同育人机制创新改革

加快发展现代职业教育，需要深化产教融合，更加强调行业企业的作用，促进人才培养供给侧和产业需求侧结构要素全方位融合，推动职业院校和行业企业形成命运共同体，形成符合技术技能型人才成长规律的职业教育人才培养模式。一是将产教融合作为促进经济社会协调发展的重要举措，形成政府、企业、学校、行业、社会协同推进的工作格局。进一步发挥行业、企业、学校和社会各方面的积极作用，探索更加适应市场需求的职业院校办学模式，激发办学活力，推动职业教育与产业发展有机衔接、深度融合，与技术进步、生产方式变革以及社会公共

---

[1] 景安磊，周海涛. 社会资本进入职业教育的路径[J]. 法学教育研究，2018（4）：267-276.

服务要求相适应。二是完善集聚社会资源协同育人的政策，吸引更多社会资源进入职业教育，打造开放的人才培养体系，建立全流程协同育人机制，动态对接行业市场对技能型人才的需求，在真实的企业环境中培养一大批具有专业技能与工匠精神的高素质劳动者和人才。全面启动实施现代学徒制试点，按批次遴选企事业单位探索"招生即招工、入校即入厂、校企联合培养"模式，职业学校把专业课程建在市场产业链上，全面准确掌握产业发展的现状。加快培育一批产教融合型企业，打造一批高水平实训基地，搭建产学研结合的技术推广服务平台，推进科技成果在企业和学校之间同步转化，让学生有"成就感"，让企事业单位有更多、更直接、更实在的"获得感"。三是将企业资源带入教学领域，鼓励学校把实习实训基地建在企业，企业把人才培养和培训基地建在学校，对深度参与的企事业单位予以税收减免及政策倾斜。完善激励机制，鼓励和支持社会力量兴办职业教育，激发行业企业参与职业教育的内生动力。四是通过购买服务、委托管理等，支持企业参与公办职业学校办学。鼓励有条件的地区探索推进职业学校股份制、混合所有制改革，允许企业以资本、技术、管理等要素依法参与办学并享有相应权利。在职业教育相关法律条文中明确界定政府、行业、企业等参与办学的责、权、利，将企业开展职业教育的情况纳入企业社会责任报告。①

## 四、扩大职业教育资源供给，促进职业院校高质量发展

2019年政府工作报告把职业教育摆在了前所未有的突出位置，明确提出高职院校大规模扩招100万人的目标，做出了大力推动职业教育

---

① 景安磊，周海涛. 社会资本进入职业教育的路径［J］. 法学教育研究，2018（4）：267-276.

改革发展的战略部署。面对加快发展现代职业教育的新使命、新任务和新挑战，需要逐步扩大职业教育资源供给，促进职业院校内涵式发展。一是统筹多层次、多类型职业院校，扩大资源供给。加快地方本科院校向应用型高职院校转型，进一步扩大本科层次高技术技能型人才招生指标和培养规模。支持符合条件的技师学院升格为高职院校，通过扩展高职教育资源，为城乡新增或者存量劳动力提供更多的接受高等教育的机会。独立学院转设为独立设置的高等学校时，鼓励其定位为应用技术类型高等学校。着力培育一批高水平职业院校和品牌专业，加快培养国家发展急需的各类技术技能型人才。二是推进分类考试招生制度和"1＋X"证书制度试点改革。面对生源结构和服务对象的变化，继续完善"职教高考"制度和"文化素质＋职业技能"的考试招生办法，构建"多样化评价、多元化录取、多渠道入学"的考试招生制度，让更多愿意并适合接受职业教育的学生进入高一级院校。稳妥推进"1＋X"证书制度试点改革，鼓励学生在获得学历证书的同时，取得多类职业技能等级证书，拓展就业创业本领。三是加强教师队伍建设，合理增加"双师型"教师数量。针对职业院校专任教师结构性缺编、聘任制度机制僵化、过分强调高学历、缺乏产业经验等突出问题，鼓励职业院校自主聘任兼职教师，推动企业工程技术人员、高技能人才和职业院校教师双向流动，吸引更多行业企业高技能人才投身职业教育，聘用有丰富实践经验的人员担任专兼职教师。同时，制定政策支持职业院校教师到行业企业挂职锻炼，探索在部分院校中推广学校和企业"双导师制"。四是以提升职业教育质量为主线，发挥标准在职业教育质量提升中的基础性作用。完善职业院校教育教学相关标准，推动教师队伍、教学内容、教学方式改革，大幅提升人才培养能力。实施教师和校长专业标准，提升职业院校教学管理和教学实践能力。①

## 五、加大多方投入力度，助推职业教育现代化建设

加快发展现代职业教育，需要拓宽经费投入渠道，营造全社会支持职业教育大发展的良好氛围。一是明确并有效落实各级政府责任，完善工作机制和政策配套。将职业教育纳入产业发展和城乡建设规划，科学预测经济社会发展对各类人才的需求，推动职业教育层次和专业结构调整与区域产业结构调整相适应。②完善毕业生就业创业政策，改善就业创业环境，充分利用国家现有政策，加大对职业院校毕业生创业的支持力度。提高技能型人才的社会地位和待遇，增强职业教育的认可度和吸引力。二是深化职业教育经费投入机制改革。同步增加中央财政和地方财政对高职教育的投入，建立与办学规模、培养成本、办学质量等相适应的财政投入制度。切实落实职业院校生均拨款制度，中职学校生均财政拨款水平可适当高于当地普通高中，在巩固落实好高职教育生均财政拨款1.2万元的基础上，逐步提高拨款水平。健全融资机制，提升社会资本进入职业教育的意愿和能力，利用社会力量和市场机制把职业教育做大做强。进一步明确改革导向，注重优化教育支出结构，加大教育经费统筹力度，整合优化经费使用方向，新增教育经费要向高职教育倾斜，向职业院校数量多、规模大、贡献突出的地区倾斜，向教育改革和教师队伍建设倾斜。三是推动社会各方形成合力，以实现现代职业教育

---

① 国务院关于印发国家职业教育改革实施方案的通知［J］. 中华人民共和国国务院公报，2019（6）：9-16.

② 教育部等六部门关于印发《现代职业教育体系建设规划（2014—2020年）》的通知［EB/OL］.（2014-06-16）［2019-03-12］. http://old.moe.gov.cn/publicfiles/business/htmlfiles/moe/moe_630/201406/170737.html.

的大改革大发展，加快培养国家发展急需的各类技术技能型人才，引导全社会确立尊重劳动、尊重知识、尊重技术、尊重创新的观念，促进形成"崇尚一技之长、不唯学历凭能力"的社会氛围，让更多有志青年成为能工巧匠，在创造社会财富中实现精彩人生，让现代职业教育助推经济社会发展。

# 第四章　优化调整高等教育布局结构

高等教育布局结构在中国特色高等教育事业发展中发挥着前瞻性、先锋性、引领性的积极作用。新时期进一步优化我国高等教育总体布局结构，促进我国高等教育全面科学发展，推动优质高等教育资源均衡配置，构建适应区域和产业发展需要的高等教育布局是我国高等教育发展的时代诉求。未来我国高等教育发展需要立足国家战略需求，坚持在"一带一路"倡议下优化高等教育布局结构，以促进京津冀高等教育区域协同发展、发挥长江经济带高等教育发展优势、促进粤港澳大湾区高等教育建设为我国新时期高等教育战略布局的重点，坚持区域性主体功能区教育辐射理念，建立区域高等教育支撑性、服务性的布局模式，整合各区域经济发展特征，打破传统区域内高校之间行政、管理壁垒，坚持促进以区域协同、顶层规划、优化资源为核心要义的区域高等教育主体功能区的政策导向，进一步完善建立区域高等教育改革发展特区，服务国家区域和产业的战略性需求，构建多层次、多学科专业、综合合理布局的新时代创新型高等教育布局体系。

# 第一节　优化调整高等教育布局结构的形势与背景

全面、系统地分析当前国内外高等教育布局的形势与背景有助于我国在新时期构建具有前瞻性的高等教育布局结构。高等教育布局的形势与背景主要包含以美国为典型代表的区域和产业发展结合的高等教育布局的历史、发展、动态，国内区域和产业发展结合的高等教育布局的现状、机遇、挑战这两大部分。

## 一、优化调整高等教育布局结构的国际形势

纵观国外区域和产业发展相结合的高等教育布局，主要有与产业发展相结合的区域型高等教育布局、与社会发展相结合的城市型高等教育布局和与国际发展相结合的湾区型高等教育布局三种类型，分别以美国纽约-波士顿都市圈与高校群形成、英国伦敦"知识城市"建设、日本东京大湾区"超级国际化大学"规划为代表。这些国际上比较成功的区域教育布局对我国在新时期构建高等教育区域布局具有重要的参考价值。

### （一）与产业发展相结合的区域型高等教育布局结构

美国是世界公认的高等教育强国之一，构建高等教育区域布局方面体现了美国高等教育区域历史发展演变的规律和特征。美国纽约-波士顿都市圈（又名美国大西洋沿岸城市群）是国际上高等教育布局中区域和产业发展相结合的典型成功案例。纽约-波士顿都市圈主要包含美国东部沿线的5个主要城市（纽约、波士顿、费城、巴尔的摩和华盛顿）以及40个中小城市。纽约-波士顿都市圈拥有在世界上享有盛誉的高

等教育机构（哈佛大学、哥伦比亚大学、波士顿大学、纽约大学等）。美国纽约-波士顿都市圈的高等院校布局借助区域经济和产业的优势资源发展，对本地区高等教育机构的蓬勃快速发展构成重要的外部支撑。美国纽约-波士顿都市圈的区域经济总产值占整个美国国民经济总产值的1/4左右，同时也是美国最大的产业集散区域中心。美国纽约-波士顿都市圈拥有众多世界知名的研究机构和高科技企业，享有"美国东海岸的硅谷"之盛名。美国纽约-波士顿都市圈的高等教育区域布局通过有效发挥区域产业和经济的资源优势，对我国高等教育区域布局的构建与发展具有充分借鉴和启发作用。

### （二）与社会发展相结合的城市型高等教育布局结构

英国作为拥有世界一流高等教育机构的国家，在高等教育区域和产业相结合的布局方面，体现了以"知识城市"为核心理念的高等教育布局思想。玛格丽特·海恩斯（Margaret Haines）在《知识城市伦敦》（*London as Knowledge City*）一文中首次将"知识城市"界定为在知识经济和社会的相互融合发展中，以"鼓励知识生产、技术创新、科学研究和提升创造力"作为区域高等教育发展的核心理念。[①] 伦敦作为英国高等教育布局的中心区域，拥有世界上一流的高等教育机构，构建了以知识城市为核心理念的"院校群"。伦敦作为众多世界著名高校、科研院所的聚集地，通过区域经济和产业的相互协调发展，形成了有助于区域高等教育发展的合力因素。伦敦政府通过制定和发布一系列的区域和产业发展相结合的高等教育布局政策，促进了一种典型的高等教育布局模式的产生。伦敦在高等教育结构布局方面的政策文件主要包括

---

[①] 郭婧. 知识城市模式下伦敦高等教育的发展与特点研究［J］. 比较教育研究，2014（7）：56-62.

《2003—2006年伦敦创新战略发展与行动规划》《伦敦：知识型首都发展》《2020年发展目标：伦敦所有部门和职业领域就业情况预览》等。总体来看，英国伦敦的高等教育布局是以"知识城市"构建作为核心理念，围绕伦敦高等教育机构区域布局结构，建设区域功能性高校及科研院所的聚集地。英格兰高等教育基金委员会（HEFCE）在《2009—2010年高等教育区域概览》（*Regional Profiles of Higher Education 2009—2010*）的政策报告中明确提出了伦敦高等教育机构的区域分层划分，是以区域产业和经济发展地带为区域建设核心的知识城市构建模型。

### （三）与国际发展相结合的湾区型高等教育布局结构

日本作为拥有亚洲一流高等教育机构的国家，在高等教育区域和产业相结合的布局方面，形成了以东京大湾区为核心的区域战略布局。东京大湾区高等教育集群主要是由东京都、琦玉县、千叶县、神奈川县"一都三县"组成。以东京、横滨、川崎、千叶、横须贺为主要产业辐射城市，有效利用日本重要的工业城市群和世界重要的金融、交通、运输、商贸等发达资源，发展了一批世界著名一流高等教育机构，最有代表性的是东京大学、早稻田大学、东京都市大学、横滨国立大学等。为了加快东京大湾区的建设和全面发展，从2000年开始，日本开展了一系列区域高等教育布局战略：一是2014年日本提出了以"超级国际化大学"为建设理念的东京大湾区高等教育布局建设计划，该计划主要是建立东京大湾区的超级国际化大学集群①；二是建立东京大湾区的"牵引国际化人才大学集群"项目，将"超级国际化大学"计划中42所高等教育研究机构分为A、B两类，以东京大湾区国际化资源作为区域国

---

① 日本超级国际化大学一共37所，东京大湾区占据日本超级国际化大学A类13所中的6所，B类24所中的11所，共占日本超级国际化大学A、B两类37所中的46%左右。

际化高等教育布局的有效支撑,着重建立以多样性综合大学为主的东京大湾区国际化布局,其中最有代表性的东京大湾区集群学校有杏林大学、上智大学、昭和女子大学、东洋大学、法政大学、武藏野美术大学、创价大学、明治大学等。①

### 二、优化调整高等教育布局结构的国内背景

从国内背景看,理解高等教育布局结构的内涵是探析区域与产业相结合的新型高等教育布局的第一步。高等教育布局理论的发展间接体现了我国高等教育布局发展的历史变迁。优化调整高等教育布局结构要突出教育外部关系规律理论、教育成本分担理论、非均衡发展理论和第三职能理论的指导作用,重视高等教育与社会发展的联系性和互动规律性,重视高等院校、地方政府和社会资本之间的运作关系,重视高等教育区域布局中学科建设和校园保障设施问题,重视人才输出和社会服务问题。

#### (一)高等教育布局结构优化是教育公平和内涵发展的现实诉求

促进教育公平、高质量发展的内在需求是我国高等教育布局调整优化的机遇。办好人民满意的高等教育的现实诉求,是我国高等教育布局结构优化调整、服务社会民生发展的机遇。高等教育事业的发展关系着我国国际核心竞争力的夯实与全球影响力的扩展。十九大报告中再次重申推动高等教育内涵式发展,努力办好人民满意的教育的时代紧迫性和关键性。办好人民满意的高等教育是关系到我国未来发展的重要战略,

---

① 欧小军. 世界一流大湾区高水平大学集群发展研究:以纽约,旧金山,东京三大湾区为例[J]. 四川理工学院学报(社会科学版),2018(3):83-100.

是我国实现"第二个一百年"奋斗目标、实现中华民族伟大复兴的中国梦的关键保障。因此，我国高等教育布局结构的优化与调整，符合办好人民满意的高等教育的现实诉求。

一方面，教育公平的价值追求是社会公平在高等教育领域的重要体现。高等教育布局结构要在区域、城乡、校际、阶层等方面体现公平性的价值维度。高等教育布局结构的公平性是社会公平的重要构成要素，促进高等教育布局均衡发展以教育公平为价值诉求。我国区域经济发展的差异性客观上导致了区域高等教育公平缺失等突出问题，集中体现在高等教育领域优质教育资源区域布局不均衡，中国特色高等教育布局理念尚未形成。对于高等教育布局的观念和认识，直接决定了我国高等教育布局结构调整的实践。新时期，中国特色社会主义的高等教育布局理念需要防止"一刀切"，避免片面化、保守化、西方化的布局理念设计，应该开创因地制宜、与时俱进的高等教育治理理念新模式。① 高等教育资源配置差异主要包括区域、省域之间高等教育绝对资源总量、相对资源及优质资源布局差异的问题。高校集中分布在大城市的现象与中国社会历史、政策的变迁紧密联系。根据《2017年全国普通高等学校名单》与《2017年中国城市统计年鉴》的统计数据，我国高校过度集中于大城市，97.26%的普通高校集中于地级及以上的城市。近些年来，"国家中心城市""新型城镇化"等区域发展战略思想相继产生，高校向中小城市延伸的现象越来越受到关注，高校将人才、知识和文化等要素紧密结合，为中小城市创造文化价值及经济效益。优化高等教育区域布局是

---

① 王振存. 论当前我国高等教育布局结构的内涵、问题及其优化策略 [J]. 河南大学学报（社会科学版），2017（4）：124-134.

我国当前高等教育面临的迫切选择。①优化高等教育区域布局具有必要性和可行性。优化高等教育区域布局是整合高等教育资源和社会资本的重要途径，是实现高等教育自身可持续发展的关键组成部分，为实现高等教育强国的目标发挥重要的社会功用，同时也影响我国高等教育在新型城镇化发展中的调整与布局战略，有利于高等教育可持续发展，有利于实现高等教育现代化的目标。

另一方面，高等教育内涵式发展的内生性需求是我国高等教育机构布局调整的历史契机。高等教育内涵式发展关注高等教育布局结构的特色性以及创新性发展。优化高等教育布局结构是新时期我国高等教育建立有效区域教育协调发展的重要举措。优质高等教育资源的选择性需求是我国高等教育布局优化发展的内在性诱因。高等教育内涵式发展有利于促使我国高等教育布局结构更加多元化，关注高等教育区域院校的总体规模、质量、结构、效益、公平等核心关键要素结构，促进区域高等教育规模布局、质量提升布局、结构优化布局、效益提高布局等全面综合发展，并建立相应的高等教育布局指标体系框架。因此，全面提高我国高等教育布局结构水平是优化高等教育资源配置、实现高等教育内涵式发展的根本诉求。我国目前高等教育区域布局结构存在诸多的问题，主要集中在两点：一是高等教育资源配置不均衡；二是高等院校集中分布在大城市。总体来说，我国高等教育区域布局类型属于城市集中类型。高校主要集中在经济发达的大城市，布局相对集中，与区域经济发展密切相关，存在诸多现实发展问题。改革开放以来，区域高等教育迅速发展，以适应我国沿海城市经济的迅速发展，特别是高校的区域集群

---

① 张德祥，贾枭. 我国高等教育布局结构优化的一个战略选择：逐步向中小城市布局高等学校［J］. 西北工业大学学报（社会科学版），2018（4）：14-21.

现象有利于集聚沿海城市的制造业与高科技行业人才，成为沿海经济快速发展的关键智力支持。但沿海区域高等教育存在成长周期较短、办学基础参差不齐、学科专业设置不科学等诸多潜在问题，导致区域内高等教育布局结构不合理，中小型经济欠发达城市基本都缺少相应的高校。例如，京津冀区域高等教育存在布局结构不合理的现象，该区域内的"985"工程高校、"211"工程高校主要集中分布在北京、天津等大城市，而其他中小型城市高等教育发展明显滞后。① 另外，从经济区域分布来看，我国研究型重点高校主要集中在经济发达的大城市，占有较为优越的办学基础硬件与软件资源，促进了大城市中各个高校之间的合作与交流。但同时，随着我国第三产业在大城市中迅速扩张，区域内高校的学科布局不能满足服务行业迅速发展的需求。

### （二）高等教育布局结构优化是区域经济发展的重要途径

我国高等教育布局结构优化是我国新常态发展阶段的突出特征之一。我国当前经济社会转型对高等教育布局结构优化调整的客观性要求，是我国高等教育发展的经济性机遇。我国经济形态经历了从传统数量型增长扩张到外延型发展，再到以创新驱动、内生增长为主的经济新形态发展方式的转变。高等教育布局结构的调整需要立足于从规模速度型粗放式教育结构转化为依托质量高效型集中性增长模式，强调高等教育质量保障的重要性，从高等教育资源要素驱动转化为高等教育投资要素驱动的创新驱动模式。高等教育优化调整布局结构，需要建立区域性主体功能区教育辐射理念，整合各区域经济发展特征，打破传统区域内高校之间行政、管理壁垒，坚持促进以区域协同、顶

---

① 郭英. 基于主体功能区理论的高等教育布局结构调整［J］. 中国成人教育，2018（16）：43-45.

层规划、优化资源为核心要义的区域高等教育主体功能区的政策导向，构建多层次、多学科专业、综合合理布局的新时代创新型高等教育布局体系。

一方面，建立区域高等教育主体服务区，是科学优化调整本区域高等教育布局结构的重要途径之一，充分考虑区域高等教育实际布局结构的差异性、情境性、历史性，考虑到区域高校之间的特殊性与特色性。同时也要注意到，地区经济发展程度是区域高等教育主体功能区建立的资源和经费基础，创新性、复合型人才供给是实现区域高等教育主体功能区建设的有力支撑和保障。建设不同区域的高等教育主体功能区是提高高等教育质量、促进区域协调发展能力的重要路径。另外，进行高等教育主体功能区布局规划有利于促进区域间高等教育机构的协同合作发展。高等教育主体功能区的规划构想打破了传统意义上的区域行政分割，根据经济产业特色的差异性将高等教育不同的区域进行分割与划分，进而促进区域间高等教育的协同和创新发展，实现高等教育资源在区域间的共享、交流、互动。区域间的高等教育主体功能区的建立以区域经济转型为根本立足点，旨在通过调整区域高等教育机构布局和各个学科专业结构来形成招生、培养、输出高素质人才的培养链条，并形成良性循环发展的主体功能区，促进区域内高等教育机构之间的协作、协同系统的生成与发展。建立区域高等教育主体功能区与调整区域高等教育布局结构是相辅相成的内生性发展关系。我国高等教育主体功能区的建立需要把握区域经济发展脉络及区域产业结构特征，符合各区域经济发展模式的多样性特征，改变固有区域教育布局的传统思想，从高等教育布局结构的扩张转变到高等教育布局结构的优化，促进新兴学科专业的高速发展，满足区域企业对区域人才的现实性需求。

另一方面，充分发挥区域经济发展与高等教育布局结构之间的"补偿—激励"作用，协同促进区域经济与高等教育共同发展。我国高等教育主体功能区的规划建设需要考虑到区域自身经济基础的薄弱性因素对高等教育主体功能区建设的直接或者间接的影响，特别是要充分考虑到中西部区域高等教育的补偿功能，以及区域经济发展和人才供给配置在区域高等教育主体功能区建立过程中的条件制约性和差距性。因此，区域经济的客观性发展对区域高等教育主体功能区的规划建立发挥着补偿性机制作用，客观上促进区域高等教育合理布局结构的产生和塑造。换言之，区域经济发展的规模、速度、质量对区域高等教育主体功能区的规划具有补偿性机制作用，需要建立一系列区域经济支持的嵌入式辅助发展项目，促进区域高等教育主体功能区的健康快速运行与发展。例如，建立区域高等教育布局结构调整专项发展基金，支持中西部区域教育布局改革发展的具体工作，设立专职区域高等教育基金管理机构，建立专项基金的监督预算评估程序，构建多样性功能区域高等教育协同和创新发展机制，以及建立中西部区域高等教育协同发展机制。

**（三）高等教育布局结构优化是高素质人才培养的内在需求**

我国高等教育布局结构与各个区域经济发展的不和谐、不对称特征，成为目前高等教育布局结构调整需要关注的重点问题。高等教育布局结构在充分考虑区域发展的经济支撑的前置因素之外，还需要考虑学科专业的结构设置是否能够培养出各个区域经济发展所需的各类型综合性高素质人才，从我国区域经济发展的实际需求出发，整合高等教育学科专业布局结构，全面考虑各区域高校的结构分布，将区域经济转型升级纳入区域高等教育专业学科建设布局规划中，充分考虑到区域经济发展与高校学科专业设置布局之间的关系，形成区域经济与高校学科布局相互反哺的新型高等教育布局规划。

一方面，推动高等教育专业学科布局结构与高等教育主体功能区之间形成"市场—反馈"机制，培养社会急需人才。高等教育专业学科结构优化过程需要充分考虑到区域经济结构转型发展与区域高等教育大众化扩张之间的"三度"——匹配度、拟合度、协调度：一是各个区域教育主管部门通过设立区域高校办学预警评估机制，衡量区域高等教育主体功能区建立与区域企业发展对学科专业需求的匹配度；二是以区域大学生就业、升学、发展的追踪统计学数据为基础，以发展区域功能区经济为核心导向性目标，建立区域高等教育人才规模与区域经济发展的数据相关性结构模型，综合考量各个区域高校人才培养质量、教学质量指标，高校人才就业指数等大数据，通过大数据全面监测，对区域高等教育主体功能区构建与区域人力资本市场需求建立拟合度关系；三是通过加强对主体功能区的紧缺型专业学科的重点建设，建立专业学科的淘汰退出机制，对于个别区域高等教育质量欠佳，就业率、社会认同度相对较低的专业学科建立分流、合并、撤销等退出机制，及时扩充新兴信息专业，以及生物工程、大数据、人工智能等急需专业的招生规模，实现区域高等教育主体功能区发展与区域人才需求变化的协调性发展。总而言之，处理好区域高等教育主体功能区与区域外部组织要素之间的发展张力问题是优化整合高等教育专业学科布局结构与高等教育主体功能区之间协同发展的关键性问题。同时，进一步完善区域高等教育布局中经费预算的长效保障机制，落实新型高等教育经费专项基金制度，打破原有高等教育行政约束，优化高等教育功能区整体的经费分布结构，充分发挥区域高等教育统筹预算配置机制，加大对紧缺专业的预算支持力度。同时，高等教育资源在中西部地区投入严重不足，成为我国目前高等教育区域布局的明显缺陷。显然，中西部地区经济发展不均衡，严重制约着该区域高等教育布局规划的形成。近些年来，在西部大开发及"一带一路"倡议等国家宏观政策引导下，中西部区域经济处于高速转型升级阶段，急需大量高端科技创新型人才的供给与支持，高校区域布局应该以支撑培养中西部紧缺急需人才为核心任务，形成呼应中西部经济发展的高等教育布局路径图谱。

另一方面，建立融合学科优势、优化人才培养的"互联网＋"区域高等教育布局结构调整机制。推动完善高等教育布局结构调整的综合科技应用性功能。区域高等教育布局结构优化调整需要实现不同区域之间的高校的组织协同合作功能，借助"互联网＋"的教育资源合作概念，完善高等教育科研资源协作互助机制的构建，建立区域高校集群的协同发展激励制度。通过互联网信息技术在区域空间内部的高等教育机构、研究机构、企业机构之间，建立"互联网＋科研项目"的区域协同合作发展的数据库系统，充分利用互联网大数据来统筹区域高等教育主体功能区与区域高等教育布局结构调整，进一步推动"互联网＋"的区域高等教育布局结构调整机制的形成。同时，区域教育主管部门可以通过"互联网＋"区域高等教育布局结构调整机制的建立，构建区域高校互联网教育服务体系，设立功能多样的符合区域发展的科技创新项目，建立不同高校专业学科联盟体系，实现区域高校联盟成员之间的学科优势互补，建设高校联盟学科基础研究平台、学科成果孵化基地，建立发挥区域发展与区域高校一体化作用的网络平台。同时建设应用型高校集群布局，为制造业升级换代和互联网科技企业吸引创新型复合技术人才。我国高等教育布局结构优化要与我国经济主体功能区的建设紧密结合，以区域经济发展带动区域经济结构转型升级。同时，区域高等教育布局结构优化调整要处理好区域办学规模与办学质量的关系、区域办学定位与学科发展定位的关系，突出学科发展自身优势，建立人才培养"准入—退出"机制，聚焦办学规模和学科结构建设，全面提升区域高等教育人才培养质量的监控，实现各区域之间高等教育的互补和错位发展。[①]

---

[①] 王振存. 论当前我国高等教育布局结构的内涵、问题及其优化策略[J]. 河南大学学报（社会科学版），2017（4）：124-134.

## 第二节　高等教育布局结构的现状与问题

探析我国高等教育布局有利于全面构建中国特色高等教育区域教育发展与结构模式。以下将从国家战略定位、区域发展定位、支撑服务定位三个角度，探讨我国高等教育区域发展机制建设与创新、我国高等教育区域发展资源配置以及我国高等教育区域性院校集群建设。

### 一、高等教育发展机制创新，制度体系亟待健全

我国区域经济发展与高等教育机构布局联系紧密。我国高等教育布局战略的研究热点集中于东部、中部、西部三大区域。总体来讲，目前我国高校布局缺乏服务国家战略发展机制的创新意识，制度体系建设亟待更新换代、与时俱进；高校发展布局缺乏清晰界定，发展机制陈旧，存在与国家总体布局相脱节的现象。因此，我国高等教育区域发展机制的建设应该按照院校规模、学科分类、管理体系、功能划分进行模块化创新，聚焦高等教育空间布局的形态与结构，形成多元化高校布局发展模式，鼓励各地区高校布局因地制宜，采取多样化办学模式。① 另外，从国家战略定位来看，我国高等教育区域发展机制的构建需要综合考量区域政策引导、区域历史特殊原因、区域文化鲜明特色、区域地理多样性因素，全面发挥市场经济对我国高等教育区域发展机制创新的牵引作用，优化高等教育产业格局，实现高校与区域经济的良性循环互动模式，并且能够立足于国家宏观战略，从宏观、中观、微观视角切入，

---

① 韩婷婷. 我国高校布局研究述评［J］. 高等财经教育研究，2017（2）：10-14.

深入分析新时期我国高等教育区域发展的新模式、新机制、新趋势。最后，从社会的需求来看，近年来随着教育事业改革的不断深化，我国社会对于优质人才的培养提出了新的要求。基于科学的人才观念，高等教育必须满足社会多样的人才需求和人才多样的学习需要，这要求高等教育的布局必须具备一定的多样性，这种多样性不仅体现在高等教育专业设置对社会需求的迎合，还体现在不同高等教育类型之间优质人才的培养。近年来可以看到，我国普通高等院校已经在世界高校排名中名列前茅。根据2020年公布的QS世界大学排名，我国共有83所高校位列其中，其中清华大学以全球第15名的成绩超过耶鲁大学、宾夕法尼亚大学等国外知名学府。但与普通高校发展成绩形成反差的是，我国职业教育的发展水平与发达国家相比仍然存在巨大差距，现阶段我国高等职业教育体系有待完善，高等职业教育质量有待提高，如何形成与社会需要、人才需求紧密结合的高等职业教育育人体系，与普通高等学校形成合力，是未来需要不断探索研究的课题。

### 二、高等教育资源再配置，整体布局仍待优化

我国区域高等教育资源再配置与整体布局有待全面优化。我国目前高等教育资源布局不均衡，区域之间高等教育资源差异性较大，整体资源配置结构性较差，严重影响了我国高等教育资源整体布局。区域、产业相融合的教育区域发展定位需要关注我国高等教育区域发展的资源配置，秉持可持续发展的教育理念，将高等教育机会均等与教育公平作为我国高等教育区域发展资源配置的价值核心，推动不同类型、层次、区域的高等教育区域资源配置，实现健康、协调、可持续的综合性发展。要制定和实施高等教育区域发展资源配置的补偿性机制，实施差异并重

的资源互补性政策，改变平均性区域资源配置政策，科学制定和实施高等教育区域发展的新模式，将高等教育资源补偿与资源配置差异相结合，立足社会对高等教育区域发展资源配置的根本诉求，调整优化各级各类高校布局结构，构建普通高校分类发展体系，形成综合性、多科性、特色化，集学术研究、应用研究、应用技术、应用技能于一体的区域高等教育资源配置新格局。

### 三、高校集群初现雏形，融合效能有待各发其力

我国高等教育区域性高校集群建设立足于高等教育支撑服务定位。我国目前高校集群有待进一步发展，区域高校集群之间缺乏整体性协调与融合，高校集群融合发展机制尚未建立。从集群理论视角出发，结合三维资本理论和知识资本理论，我国高等教育区域性高校集群建设研究将从群落概念出发，探讨新时期高等教育区域布局的集聚现象。同时，我国高等教育区域性高校集群建设反映了历史、政治因素的参与性。高校集群建设有利于形成高等教育地区性规模优势以及共享资源分配结构。例如，世界享有盛誉的美国大学城的建设是坚持以产业群与高校建设相互作用，形成经济与市场相结合的高等教育区域性高校集群建设机制。我国要以区域经济发展为基础，尊重高等教育区域发展的集聚规律和建设特点，理性正视我国高等教育区域性院校集群建设的辐射规律，构建具有支撑服务定位功能的区域高校集群建设机制。①

另外，大学城发展及布局模式是我国近些年高等教育区域性高校集群建设实践的重要案例。大学城集群建设模式在国外具有较长的发展历

---

① 雷培梁. 适应新型城镇化建设的高等教育布局与结构调整［J］. 中国高等教育，2015（7）：42-45.

史，以若干高校集中区域发展模式作为大学城建设的布局结构，构建高等教育与区域产业相结合的大学城模式。作为成功典型案例代表的是英国剑桥大学城的建设，其将历史文化传承、高等教育资源、工业化产业有机结合在一起。另一种现代大学城发展概念是整合高新科技园区，将大学城与科技城的建设合二为一。日本筑波大学城的建设将日本高等院校、科研机构、高科技产业园区紧密结合，形成系统性布局规划的大学城建设模式，可以为我国高等教育区域性高校集群建设提供丰富的借鉴和佐证。[①]

---

① 韩婷婷. 我国高校布局研究述评[J]. 高等财经教育研究，2017（2）：10-14.

## 第三节 优化调整高等教育布局结构的动向与策略

探析高等教育布局的动向，是构建适应区域和产业发展的教育布局的关键内容。高等教育布局的动向主要包括：从创新体制机制改革角度，建设教育改革发展示范区、创新区、先行区；从优化布局特色产业角度，新增资源向城镇化、产业集聚区倾斜；从重点发展行业特色高校角度，建立应用型、小规模特色学院。

### 一、创新体制机制改革：建设示范区、创新区、先行区

建设教育改革发展示范区、创新区、先行区的根本是要推动创新体制机制改革。城乡统筹发展战略影响下的高等教育区域空间布局需要构建创新体制机制，建立全面涵盖高等教育布局结构和区域经济发展的体制机制创新模式。①

#### （一）深化区域高等教育布局结构，加强高校行政体制改革

统筹布局高等教育机构设置，科学配置区域高校管理机构权责。统筹兼顾高校各类编制资源与途径，构建系统、科学、全面的区域高等教育改革发展新体制，完善区域高校创新体制改革，逐渐形成区域高等教育多样化职能机制，创新区域高等教育内部监管模式，增强区域政府与区域高等教育机构的合作能力与协作功能，建设教育改革发展的服务型区域高等教育体制机制模式。

---

① 韩婷婷. 集聚与扩散：发展方式转型下的高校空间布局研究 [D]. 北京：首都经济贸易大学，2016.

### （二）建设教育改革发展创新模式，建立区域高等教育经费机制

持续深化高等教育改革，拓展教育发展新模式，研究制定区域高等教育布局优化措施，进一步完善区域高等教育经费投资项目批准机制，创新建立在线区域高等教育机构审批平台，深化区域高等教育"放管服"改革，强化"互联网＋区域高等教育"思维，创新区域高等教育改革发展模式。

### （三）建立区域高等教育综合实验区，构建适应区域产业发展新布局

建设教育改革发展示范区、创新区、先行区，是构建我国新时期区域高等教育综合实验区的创新性尝试。着力构建高校区域产业发展新布局，建立国际化、市场化、法治化的区域高等教育综合实验平台是构建区域产业发展新布局的必然选择及有效途径。积极建立区域高等教育综合自主创新平台，探索形成在全国范围内具有示范意义和推广价值的区域高等教育体制机制改革新政策，实施创新型人才激励机制、搭建区域高教产业园区科技平台、创新区域高等教育知识产权转化模式等一系列体制机制改革措施，进一步构建适应区域产业发展的新布局。与此同时，建立创新国际化建设的教育改革发展示范区、创新区、先行区，可以广泛吸纳国际创新区域高等教育资源，探索国际高等教育合作和交流模式，构建具有国际影响力的区域高等教育创新产业合作新机制。

## 二、优化布局特色产业：新增资源向城镇产业集聚区倾斜

优化布局特色产业需要将新增资源向新型城镇化地区、产业集聚区倾斜，构建以新型城镇化地区、产业集聚区为核心的区域高等教育特色

产业布局新模式。国家新型城镇化规划的提出客观上促进了区域高等教育布局特色产业模式的兴起。优化布局特色产业可以从优化布局特色产业结构、优化布局特色产业空间、优化布局特色产业功能三大方面逐一展开。

### （一）优化布局特色产业结构

优化提升区域高等教育布局结构主要包括以下几个方面。一是建设区域高等教育产业群。优先发展东部地区区域高等教育产业群，培育发展中西部区域高等教育产业群。二是构建城市群区域高等教育协调机制。促进区域高等教育产业链协调发展，强化综合区域高等教育网络支撑体系，构建区域高校产业就业支撑机制，优化区域高等教育产业空间结构和管理机制，提升区域高等教育基本公共服务能力，提高区域高等教育产业协作建设能力，推动区域高等教育新型产业建设。三是加强和创新区域高等教育社会治理。加快将新增资源向新型城镇化地区、产业集聚区倾斜的步伐，加强区域高等教育管理制度改革，创新布局特色产业资金保障机制，健全区域高等教育产业的组织协调能力，实现优化布局特色产业结构的根本目标。

### （二）优化布局特色产业空间

我国高等教育布局主要集中于大城市。新时期，我国高等教育需要优化布局特色产业，新增资源要向新型城镇化地区、产业集聚区倾斜，避免以往高等教育机构过度集中于大城市的空间布局弊端，发挥高等教育战略布局服务于实现教育强国目标的积极作用，将高等教育区域布局与办好人民满意的教育初衷有机结合。同时，新增资源向新型城镇化地区、产业集聚区倾斜有利于我国将高等教育在新型城镇化地区、产业集聚区布局的合理性延伸，积极促进、引导高等教育机构向新型城镇化地区、产业集聚区进行递进布局，以此来调整我国高校的城市布局。

（三）优化布局特色产业功能

我国高等教育需要优化布局特色产业功能，通过将新增资源向新型城镇化地区、产业集聚区倾斜，形成具有中国特色的区域高校特色发展、多元功能的平台。通过整体调整并优化高等教育资源的区域布局，建立依托于以新型城镇化地区、产业化集聚区为核心的新兴特色产业园区，是实现提高区域高等教育入学率、升学率、毕业率、就业率的有效途径。同时，建立区域高等教育特色产业布局新模式，将新增资源向中小城市和小城镇进行规模性辐射拓展，积极发展城镇化建设与区域高校建设的互动关系。①

## 三、发展行业特色高校：建立应用型、小规模特色学院

重点发展行业特色高校，强化区域高校结构合理布局，进一步促进区域间教育公平、协调、全面发展，建立应用型、小规模特色学院，通过区域行业特色高校布局建设，促进区域经济和城乡一体化全面发展。

（一）全面认识行业特色高校的历史、内涵、特征

在新中国成立以后的时代背景下，一批高等教育行业特色高校应运而生，代表了中国当时最具有权威性的行业性高等教育机构，例如公众所熟知的"航空航天""外经贸""农业""理工""科技""工业"等领域都有鲜明时代烙印的行业特色高等教育机构。我国现有的行业特色型大学主要包括中央财经大学、华北电力大学、北京邮电大学、北京中医药大学等高校。我国的行业特色型高校的产生、发展具有鲜明的时代

---

① 吴孟帅. 浅谈高等教育布局结构的调整路径［J］. 教育与考试，2015（6）：72-75.

特征。①

## （二）厘清行业特色高校的使命、目标、任务

我国行业特色型高校以服务国家当前需求为根本使命，将具有国际竞争力人才作为核心人才培养的价值追求，集中布局优势学科，创新高等教育办学体制模式，在区域高等教育布局体系中发挥重要的辅助功能性作用。另外，行业特色高校的使命、目标、任务要与建设应用型、小规模特色学院的目标和任务相联系，建立应用型、小规模特色学院，有助于改变历史上由于计划经济体制产生的多校一城（区、园）的格局，逐渐形成以郊区新城、小城镇为空间载体的区域行业特色高校，实现均衡公共服务优质资源、促进区域高等教育特色高校的建设，将高校从中心城市向外围疏散。②因此，厘清行业特色高校的使命、目标、任务首先需要明确行业高校办学定位和建设目标。同时，在"双一流"建设背景下，区域行业高校需要紧紧围绕"双一流"建设提出的总体要求和目标任务，立足区域高等教育整体布局，全面审视区域行业高校自身发展特色，完善区域行业高校发展的顶层设计，以建设中国特色、世界一流高等教育的目标作为行业特色高校规划发展的定位和建设目标。例如，北京航空航天大学无论是从历史渊源和发展趋势来看，还是就航空、机械、电子、计算机等优势领域而论，均与"航空航天"紧密相连，现已形成以航空航天特色优势学科领域为主体，其他学科为支撑，协调发展的一流大学办学格局。行业特色高校的总体发展目标是坚持突出学科特

---

① 周统建. 地方行业高校如何推进"双一流"建设：以入选"双一流"建设名单的江苏四所行业特色大学为例［J］. 中国高校科技，2019（1/2）：20-24.

② 薛二勇，刘爱玲. 京津冀高等教育布局结构优化的政策研究［J］. 高等教育研究，2018（8）：38-44.

色，建立应用型、小规模特色学院，通过区域行业特色高校布局建设，构建具有中国特色的社会主义新型行业特色高校。①

### （三）完善行业特色高校的管理、组织、结构

完善行业特色高校的管理、组织、结构需要在学科规划层面加强行业特色高校的顶层设计，加强行业特色高校的优势师资队伍建设，有效提升行业特色高校的内部治理机制。同时，坚持行业特色高校建设与"双一流"建设同步进行，共同构建、推进"双一流"背景下行业特色高校产学研协同创新，进一步完善实施行业特色高校创新驱动发展战略，把培养创新型、复合型、应用型的行业特色人才作为"双一流"建设背景下的核心任务。同时，进一步明确行业特色高校的组织管理结构，提出创新性"双轨并进"的科研与创新模式，整合行业特色高校的教学、科研与社会服务"三位一体"的区域知识创新能力，激活区域高等教育产教融合机制。另外，深化落实立德树人是完善行业特色高校的管理、组织、结构的价值基础。大力培养一流大学、一流学科的拔尖创新人才，明确培养适应区域和产业发展需求的各类创新型、应用型、复合型人才。同时，加强国际交流与合作对完善行业特色高校的管理、组织、结构的催化作用。全面提升高等教育国际竞争力是建设世界一流大学和一流学科的必要前提，要努力提升师资队伍、人才培养、科研与创新的国际化水平。特别是针对行业特色高校的建设，应该从建立应用型、小规模特色学院出发，依托区域高等教育战略国际联盟的建立，与世界多所一流行业特色高校建立长期稳固的国际合作机制，建立多个境外培训和研究基地，开展高层次的学术交流与合作，大力提升国际化办

---

① 段鹏，王德平．"双一流"建设背景下行业特色型大学的学科建设与发展［J］．中国高等教育，2018（23）：32-34．

学水平。另外，积极推进我国行业特色高校与国外知名一流行业特色高校开展联合培养和学生交换，增加国际合作办学项目，建设国际化产学研一体人才培养基地，进一步优化行业特色高校的常态化培养机制。建立区域行业特色高校科研国际化合作，积极鼓励应用型高校、小规模特色学院与国外一流高校进行学术交流和人才培养的全面合作，支持鼓励青年科研人才在国际重要学术会议上做特邀报告、专题报告和主题报告，支持应用型高校、小规模特色学院的学科带头人出任国际学术会议和著名学术期刊的重要职务，提高国际影响力和声望。

# 第五章 优化人才培养结构

优化人才培养结构，是提升高等教育服务能力、加快经济社会发展、提高国家国际竞争力的重要举措。《国家中长期教育改革和发展规划纲要（2010—2020年）》指出，要适应国家和区域经济社会发展需要，建立动态调整机制，不断优化高等教育结构，重点扩大应用型、复合型、技能型等国家战略发展急需人才的培养规模。近年来，我国高等教育人才培养结构持续优化，有效满足了社会对基本人才的需求，人才培养能力不断提升，但依然存在着人才培养结构动态调整机制尚未形成、社会主义现代化建设急需的新型人才培养比重不足、人才培养管理服务体系还不完善等问题。《中国教育现代化2035》提出，要优化人才培养结构，引导高校和职业学校及时调整学科专业结构，加强创新人才特别是拔尖创新人才的培养。为实现教育现代化对人才培养结构优化的要求，应综合运用招生计划、就业反馈、拨款等方式，引导高校及时调整学科专业结构，建立健全人才培养结构动态调整机制，加大新兴产业需求人才培养比重；需依托协会组织，建立健全社会人才需求预测机制，促进人才需求预测体系不断走向成熟；推动学科交叉融合，扩大应用型、复合型等人才培养比重；此外要推进军民深度融合，培养国防和军队现代化建设人才，聚力优化发展生态，强化国家网络安全人才与创新基地建设；另外，还需要在招生源头上改革招生管理机制，探索建立研究生招生与科研项目及经费挂钩的招生计划管理机制；全社会也要提高就业创业服务能力，建立全方位的就业创业服务体系。

## 第一节　优化人才培养结构的形势与背景

大力优化人才培养结构、推进高等教育综合改革、提升高等教育服务能力，成为世界各国加快经济社会发展的重要战略抉择。各国十分重视教育和人才在国家发展中的基础性作用，不约而同地通过优化人才培养结构促进国家各项事业的快速发展。我国社会主义现代化建设、产业结构转型升级、高等教育供给侧结构性改革，进一步凸显出优化人才培养结构的重要性与紧迫性，优化人才培养结构成为未来较长一段时期内我国高等教育改革发展的关键任务之一。

### 一、优化人才培养结构的国际形势

当前，教育和人才对提高国家国际竞争力的重要作用已得到普遍重视，世界各国正在不断完善相关制度设计和政策体系，采取各种措施优化人才培养结构，大力推进高等教育供给侧结构性改革，促进经济社会又好又快发展。

#### （一）教育和人才越来越成为影响一个国家国际竞争力的核心要素

增强国家硬实力、夯实国家软实力、提高国际竞争力是世界各国改革发展的核心目标，随着当前产业结构转型升级、经济发展提质增效、科技创新步伐加快、文化建设压力增大，教育和人才越来越成为决定一个国家国际竞争力的核心要素。

第一，从历史来看，教育和人才作为决定国家国际竞争力的核心要素，经过了一个历史发展的过程。在奴隶制社会，奴隶主拥有一切生产资料和奴隶人身的所有权，由大奴隶主建立的城邦成为世界上最初的国家形态，国家要扩大生产资料数量和奴隶占有量，就必须依靠军队的力量，这就使得军事成为这一时期国家竞争力的决定性因素。在封建社会，传统农业和手工业成为国家的主要经济形态，尽管不同国家之间征伐战争连绵不断，但此时经济因素已经成为决定国家军事、政治影响力的关键因素。在工业化社会，随着世界经济发展步入工业经济时代，能否掌握现代工业技术，成为国家经济社会发展的决定性因素，尤其是在工业化进程不断推进、科技创新难度不断加大的情况下，科技发展水平成为引领世界发展的核心因素。在现代社会，随着知识经济时代的到来，知识、信息、文化、科技成为国家国际竞争力的重要影响因素，而在这其中国家教育和优秀人才发挥着基础性的作用。①

第二，从实践来看，教育和人才对影响国家国际竞争力的其他因素的形成和发展具有决定性作用。当前，国家国际竞争力越来越成为多种因素相互作用而产生的结果，经济实力、科学技术、人口素质、金融环境、政府作用、国际化程度、基础设施、管理程度等都成为影响一个国家国际竞争力的重要因素。②从整体上看，世界大多数国家都不同程度地存在着经济实力不强、科学技术比较落后、人口素质总体水平较低、金融环境有待优化、政府效率有待提高、国际化程度有待提升、基础设施建设有待强化、管理现代化程度有待增强等问题，而教育尤其是教育培养出来的各级各类人才是解决这些问题的主体和关键，只有不断深化教育改革、提高人才培养质量，才能有效化解国家改革发展中的各种问

---

① 胡列曲. 国家竞争力理论的评价与探讨 [J]. 云南财贸学院学报，2002（1）：8-12.
② 李京文，郭金龙，王宏伟. 国际竞争力综合影响因素分析 [J]. 中国软科学，2001（11）：6-10.

题，提高国家国际竞争力。

第三，从现实来看，教育和人才服务国家经济社会发展、促进国际竞争力提升的潜能还有待充分发挥。从教育的角度看，教育是一项潜力无限的事业，优化教育结构、提高教育质量、增强教育效能必将为国家发展做出更大的贡献，但当前世界各国的教育或多或少地存在着人才培养机制不完善、模式不科学、结构不合理、水平不高等问题，这在很大程度上影响了教育服务经济社会发展效能的发挥。从人才的角度看，人才是经济社会发展的根本动力，人才个体、人才队伍的潜能是无限的，充分发掘个体潜能、激发人才队伍效能是促进社会各项事业快速发展的关键一环，而目前世界各国都在优化人才政策体系、推动人才队伍建设、激发人才队伍潜能等方面不同程度地存在着一些问题，及时有效地化解这些难题是充分发挥人才聚集效应，提升国家发展能力和国际竞争力的重要举措。

第四，未来教育和人才将继续在推进自主创新与创新型国家建设中发挥核心作用。新时代，科学技术突飞猛进，知识经济高速发展，新一轮产业革命蓬勃兴起，知识更新、技术更新、产品更新周期越来越短、速度越来越快。在这种形势下，具有自主创新能力和优势的国家，必然会在国际竞争中掌握战略主动权，而知识、科技、体制创新的根本动力在于创新型人才，创新驱动的本质是人才驱动，创新人才培养的关键在教育。[①] 在未来的创新型国家建设中，教育必将继续发挥其基础性、先导性、全局性作用，创新型人才的效能也将发挥得淋漓尽致，为全面推进创新型国家建设不断注入新的活力。

---

① 闵维方. 新时代教育发展的战略重点是提高国家创新能力[N]. 中国教育报，2018-12-13（6）.

## （二）世界各国都十分重视教育和人才在国家发展中的基础性作用

世界各国在经济社会建设中，对教育和人才的基础性作用已达成广泛共识，也都相继采取了一系列重要措施，着力提高教育质量、优化教育结构、提升人才培养能力，集聚人力资源优势，为国家经济社会发展积蓄力量、打牢根基。

第一，实施教育强国战略，全面提高教育国际竞争力。随着全球化步伐的加快、国际竞争的加剧，世界主要国家都加大了高等教育改革力度，实施了高等教育强国战略，以提高教育质量，使其更好地服务经济社会发展需要。如21世纪以来，为培养具有全球竞争力的美国人，美国加强对教育的政策引导，采取了引入市场竞争驱动学校教育质量提升、利用教育技术促进学校教育教学变革、着力培养具有"STEM（科学、技术、工程和数学教育）"和"4C（批判性思维能力、沟通能力、团队协作能力、创造与创新能力）"技能的全球竞争力人才等重要战略举措，旨在通过教育创新重新强化美国在全球竞争中的优势。[①] 英国采取了增加高等教育供给多样性，构建以学生为中心的教学卓越框架评价体系，改进高等教育系统效益，取消招生人数限制，推动高校国际化建设等措施，全面深化高等教育综合改革，提升高等教育国际竞争力。[②] 日本采取了系列措施着力培养21世纪所需的高素质创新人才，重视产学研协调发展，充分发挥大学的社会功能，注重在大学改革发展中协调

---

[①] 彭正梅，邓莉. 培养具有全球竞争力的美国人：基于21世纪美国四大教育强国战略的考察［J］. 比较教育研究，2018（7）：11-19.

[②] 马万华，匡建江. 英国高等教育政策改革趋势［J］. 中国高等教育，2018（2）：61-63.

大学与政府的关系，一改精英教育模式，为促进更多人进入高校学习、积极推动终身教育、构建学习型社会做出了突出贡献。① 韩国也启动了"留学韩国计划"、建设高水平大学的"WCU 计划（世界级高水平研究型大学计划）"等教育改革举措，有力地推动了韩国社会发展、经济转型、技术升级。②

第二，完善质量保障机制，全面提高人才培养质量。高等教育规模不断扩大，国际竞争日趋激烈，社会对高素质人才需求日益旺盛，迫使提高质量成为世界高等教育发展的主题，世界主要发达国家相继采取了一系列重要举措，不断完善高等教育质量保障机制，大力提升人才培养质量。如美国建立了高等教育内外结合的质量保障体系：在高等教育内部，通过运用多元且统一的价值理念、不断完善高校制度安排及运行机制、推进积极有效的师生互动、构建充足平衡的教育资源环境等举措，保障和提升高校人才培养质量；在高等教育外部，善于通过各州高等教育认证等措施，共同推动高等教育健康有序发展。③ 英国建立了以内部保障为主、外部保障为辅的质量保障体系，在高等教育内部积极推进学校周期性的自我审查、通过与学生交流沟通及时获取反馈建议、建立校外监察员制度等，在外部则通过强化国家法律保障和政策支持、依托专业评估机构进行质量审查、委托行业协会开展质量认证、利用舆论媒体

---

① 徐永祥，刘玉娟. 日本高等教育改革的现状与发展趋势［J］. 黑龙江高教研究，2007（8）：38-40.
② 张雷生. 韩国高等教育政策改革最新动向［J］. 现代教育管理，2010（8）：112-115.
③ 董竹娟，葛学彬，陈桂营. 浅议美国高等教育质量保障体系［J］. 北京教育（高教），2018（1）：85-88.

加强监督等方式，保障高等教育质量。① 面对高等教育质量保障体系的问题，日本采取了促进高校分类发展、建立与高校层次相适应的质量评价制度、成立国家级高等教育质量保障机构、利用现代信息技术提升机构的工作效率、大力发展高等教育评价的全球性框架、提升高等教育的国际竞争力等举措，极大地促进了教育质量的提升。②

第三，健全人才政策体系，为引才育才创造良好环境。健全的人才优惠政策体系是构建良好人才生态的关键。随着人才全球化流动的加快，世界各国都在不断完善人才政策体系，努力为经济社会发展集聚人才动能。美国在世界人才争夺战中形成了一套具有美国特色的人才政策体系：一是创造良好的科技创新资源条件并极力宣扬；二是借助经济优势高价吸引人才；三是善于抓住二战结束、金融危机等特殊历史机遇争夺抢购人才；四是推行开放型的移民"绿卡制度"吸引人才；五是大力宣扬美国"自由、民主、人权"等观念及美国的生活方式来吸引全球高端人才。③ 英国为提高国家发展和科技竞争力，更加重视基础科学研究，构建了开放的全球人才体系，在不断输出人才的同时也开放性地从全球吸引人才。在当前科技竞争日趋激烈的环境下，英国更加关注各类人才的培养、激励、容留，注重为人才发展创造良好的环境，出台的一系列人才战略举措极大推进了英国科技创新步伐。④ 日本为吸引国外高端科

---

① 肖玥玥，王平. 英国高等教育质量保障体系特点及启示［J］. 江西科技师范大学学报，2017（3）：83-87.

② 秦琴. 日本高等教育质量评价与保障体系：历史演进与改革方向［J］. 高教探索，2018（1）：62-70.

③ 王家宏. 美国人才政策与人才战略简论［J］. 中共桂林市委党校学报，2007（2）：45-48.

④ 刘洋，蓝志勇. 英国科技人才政策的战略走向［J］. 天津行政学院学报，2014（5）：89-95.

技人才，建立了外国人特别研究员制度，搭建了国际化高等教育基地，强化并完善了留学生优惠政策，并积极在国际活动中宣传和吸引人才，从而促使日本科技快速发展。①

（三）世界各国正通过优化人才培养结构促进经济社会的快速发展

科学的人才培养结构是促进经济社会快速发展的重要保障。随着教育和人才的重要性不断显现，世界各国都在不断深化高等教育改革，优化人才培养结构，提高人才培养的质量、水平和社会适用性，为促进经济社会发展培养储备各级各类人才。

第一，在高等教育供给侧结构改革中大力优化人才培养结构。深入开展高等教育供给侧结构改革，是高校培养适应和引领经济社会发展人才的重要举措，世界主要发达国家都在高等教育综合改革中大力优化人才培养结构，促进人才培养效能的充分发挥。如美国在长期的发展中，形成了典型的以州为核心的高等教育管理体制，各州公立高等教育系统基本形成了州立顶尖大学系统、一般州立大学系统和初级学院系统这三大系统。在20世纪初期，这三级结构之间的职责划分并不清晰，呈现出独立发展、分散发展的趋势，在这种情况下，无序、不良竞争日益加剧，政府人力、物力、财力浪费严重。对此，政府果断采取措施推进公立高等教育体系结构分层和可持续发展。一方面，根据各地社会、经济、文化等实际状况，结合高等教育发展情况，对不同类型、不同层次高校的职责进行重新定位；另一方面，理顺各州高教体系内部高校之间的关系，达成科学、可持续发展的总体目标，使高等教育结构更为合

---

① 乌云其其格，袁江洋. 日本科技人才政策的国际化转向［J］. 自然辩证法通讯，2009（3）：59-66.

理。同时，规定各州顶尖州立大学系统要注重科研、追求卓越，一般州立大学系统要以本科教学为主、服务区域社会，社区学院系统以职业教育为主、注重技能培养。①

第二，正在努力构建人才培养结构与产业结构的良性互动模式。各国都在高等教育改革和产业结构调整中，优化二者之间的互动模式。21世纪以来，随着教育全球化趋势日益明显，德国相对传统的教育体系逐渐难以适应教育国际化发展的需要，尤其是高等教育供给难以满足国家提升国际竞争力的需要，高等教育资源配置失衡问题比较严重，高校人才供给不足与社会需求，尤其是科学技术产业和新兴产业发展带来的对技术人员需求增加之间的矛盾十分突出。面对挑战，德国政府果断修改了高等教育法律，开创了在高校设立管理委员会的做法，并规定该委员会一半以上人员是政府部门、企业、社会精英代表等，由此建立了政府、企业、学校之间有效的沟通渠道，并将国家战略、企业需求、学校管理等有机整合，在机制上保障了人才培养结构与经济社会需求协同发展。② 美国为适应产业结构调整对人才需求的变化，着手调整人才培养结构，整体上看这种调整随着学历层次和学科的不同而有所差异：在博士层次侧重于技术类学科，其发展动力与信息业、教育服务业等的发展密切相关；在硕士层次侧重于商业、法律学科，但这二者的发展动力与产业结构的联系并不紧密；在学士层次主要侧重于休闲业、社会学科、医学等专业，其发展动力与专业技术服务业、公用事业等行业有着十分

---

① 张伟坤，黄崴. 区域高等教育结构调整的背景、理念与实践：美国加州地区与广东省比较[J]. 黑龙江高教研究，2016（2）：86-90.
② 张婧. 高等教育供给侧改革的国外经验及启示：以德国、美国的高等教育改革为例[J]. 天津电大学报，2016（3）：68-72.

密切的关系。①

　　第三，将优化人才培养结构作为促进国家发展的重要举措。在经济建设中，世界各国都将优化人才培养结构作为促进国家战略发展和经济腾飞的关键措施。为适应和满足社会发展对人才的新需求，英国高等教育在进入大众化阶段以后，在保持传统培养精英人才的学术研究型大学体系的同时，政府通过在政策上加强中央政府统一领导、扩大高等教育入学途径和高校办学自主权、建立高等教育质量保障系统，在财政上组建"高等教育拨款委员会"、实行收取学费与学费贷款制度、鼓励高校多种渠道扩大资金来源等方式，促进大量培养职业型人才的非传统大学的建立，促进了高等教育层次多样化，更好地适应了经济社会发展的需要。② 日本在二战后，将战前的各级各类高等教育都统一为四年制大学，但由于这种结构难以适应社会多样化的人才需求，日本政府果断采取了进一步的改革措施，使原本单一类型的高等教育结构发展成为短期大学、高等专门学校和专修学校、四年制大学、研究生院等多样化的层次结构；在科类结构调整上，日本及时抓住国内外各种有利条件和机遇，制定了以重工业、化学工业为核心产业的经济发展战略，通过出台《关于适应新时期要求的技术教育意见》《关于振兴科学教育方案》《大学教育专业结构调整计划》等专项政策文件，彻底改变了高等教育重文法轻理工的传统，加大理工类人才培养比重，为日本经济社会发展输送了各

---

① 王燕，崔永涛，魏鹏飞. 美国产业结构变迁对高等教育结构的影响：基于预期收入的角度 [J]. 教育与经济，2016（2）：74-81.
② 王萌萌. 英国高等教育大众化过程中教育结构的演变与政府的职能 [J]. 化工高等教育，2007（2）：5-8.

种急需人才，促进了日本经济的腾飞。①

## 二、优化人才培养结构的国内背景

随着社会主义建设进入新时代，我国经济社会发展面临新形势、新问题、新挑战，全面深化高等教育综合改革，优化人才培养结构、增强人才培养能力、提高人才培养质量，成为深入推进社会主义现代化建设的关键一环。

### （一）我国高度重视教育和人才的基础性作用

我国一直重视教育和人才在国家经济社会发展中的重要作用，始终坚持教育强国、人才强国、科技强国战略，将发展教育事业和促进人才培养作为国家优先关注的重要任务。近年来，国家也在不断完善高等教育政策机制、健全高等教育质量保障体系、构建人才优惠政策制度，努力为教育和人才效能更好地发挥效益创造有利环境。

第一，持续推进高等教育重点建设战略，提升高等教育质量和人才培养水平。我国高等教育重点建设战略由来已久，有力地促进了高等教育整体质量的提升，为经济社会发展提供了坚实的人才保障。1954年，国家《关于重点高等学校和专家工作范围的决议》确定了中国人民大学等6所高校为全国重点大学，拉开了我国重点大学建设的帷幕。经初步探索，1959年又确定了北京大学等16所高校为全国重点大学，准予开展研究生教育，并在1960年将重点建设高校增至64所。改革开放初期，国家发布了《关于恢复和办好全国重点高等学校的报告》，决定恢复"文革"前60所全国重点大学，并新增28所，确定了88所全国重

---

① 庞笑萌，张艳. 日本高等教育结构发展对我国的启示［J］. 高等农业教育，2009（10）：82-86.

点大学；在"七五"和"八五"期间，又在其中确定了15所重点大学进行重点建设。经过重点建设，我国高等教育整体质量显著提升，涌现了一批高水平大学。世纪之交，国家相继实施了"211"工程和"985"工程重点建设项目，先后有112所高校进入"211"工程建设行列，在"211"工程高校中又有39所进入了"985"工程建设序列。① 又花了20年左右的时间进行重点建设，我国高等教育发展水平进一步提高，部分高校进入了世界排名前列，国家适时实施"双一流"大学建设战略，持续推进我国的重点大学建设，首批世界一流大学建设高校42所、世界一流学科建设高校95所、世界一流学科建设459个，重点建设的高校数量之多、学科之广前所未有，体现了国家对教育和人才的高度重视。

第二，建立健全教育质量保障体系，为教育事业发展和人才培养工作保驾护航。我国一直重视教育质量保障体系建设，自1985年国家教育部门对高等工程教育评估的研究和试点开始，我国正式拉开了探索和构建高等教育质量保障体系的帷幕，1990年《普通高等学校教育评估暂行规定》的出台，标志着我国高等教育质量保障体系建设工作的正式启动。② 经过三十多年的探索和建设，目前我国已经形成了高等教育内部质量监控和外部质量评估紧密结合的质量保障体系。从外部看，1993年以来，我国先后对高校本科教学工作实施了合格评估、优秀评估、随机评估、教学工作水平评估、审核式评估、专业认证等质量评估模式，成立了教育部高等教育教学评估中心，作为专门的教学评估工作组织管

---

① 赵永春. 重点大学的时代变迁[EB/OL].（2016-04-26）[2018-03-08]. https://www.sohu.com/a/71648898_398548.
② 郭平，田联进. 我国高等教育质量保障体系现状与对策建议[J]. 中国高教研究，2011（12）：25-28.

理机构,确立了"以评促改、以评促建、以评促管、评建结合、重在建设"的评估原则,推动形成了以学校自评为基础,以院校评估、专业认证与评估、国际评估、教学基本状态数据常态监测为主要内容,政府、高校、专业机构、社会多元评价相结合的评估制度,并通过"管办评分离"改革将评估主体从政府转向第三方机构。[①]从内部看,通过高校外部教学质量评估,推动高校不断深化改革、完善内部教学质量保障体系,促使我国高校基本形成了以教学评估中心为核心,以教学质量监控人员、教师、学生为主体,各二级职能部处和教学单位广泛参与的内部质量保障体系。这种内外部紧密结合的高等教育质量保障体系,有效保障和促进了高等教育质量的提升。

第三,加快构建人才优惠政策制度,为引才育才创造良好生态。我国一直重视人才队伍建设工作,新中国成立初期国家就将团结知识分子作为一项基本原则确立下来,尤其是改革开放以来,始终将坚持建设人才强国作为我国的一项重要战略。我国的人才政策主要可以分为两大类。一是对科技人才整体的政策体系。1978年,随着中组部《关于落实党的知识分子政策的几点意见》明确提出对人才要"充分信任,放手使用,做到有职有权有责",并要求逐步改善人才工作和生活条件,我国不断完善人才政策制度,相继出台了《2002—2005年全国人才队伍建设规划纲要》《国家中长期人才发展规划纲要(2010—2020年)》等人才专项政策文件,促使我国初步形成了由人才政策、法律法规、专项法律、相关法律、法规和规章等构成的人才政策体系,内容涉及人才选拔、使用、考核、待遇、培养、流动、退休等人才工作的各个方面,为

---

① 刘益东. 我国高等教育评估30年的发展与变迁[J]. 大学(研究版),2016(2): 37-45.

人才队伍建设提供了坚实保障。① 二是对海外高层次人才引进的政策体系。改革开放以来，自从1983年国家出台《关于引进国外智力以利四化建设的决定》《关于引进国外人才工作的暂行规定》正式确立了将引进海外高层次人才作为对外开放的基本政策以来，② 我国一直将加强海外人才引进、加大引进政策优待、改善引进政策环境作为一项基础性工作推进，三十多年来我国先后出台了《关于建立海外高层次留学人才回国工作绿色通道的意见》《引进海外高层次人才暂行办法》等专项海外高等层次人才引进政策，建立了"留学人员回国服务工作部际联席会议制度""千人计划"等海外高层次人才引进专项项目，为推进国家经济社会发展培育和引进高层次人才提供了有效保障。

### （二）社会主义现代化建设急需优化人才培养结构

当前，随着我国社会主义现代化建设步伐的加快、新兴行业领域的发展、高等教育现代化与创新型国家建设的不断推进，优化人才培养结构的必要性和紧迫性愈加凸显，大力优化人才培养结构成为深入推进社会主义现代化建设的关键一环。

第一，新兴行业产业的发展急需人才培养结构的创新。近年来，我国重大科技创新成果的不断涌现和新兴技术推出速度的不断加快，催生了一些新的经济部门和行业产业。这些新兴行业产业的产生和发展是社会主义现代化建设的产物，大力发展这些产业是加快建设社会主义现代化的重要举措。当前，我国的新兴产业主要可以分为节能环保、新兴信

---

① 刘波，李萌，李晓轩. 30年来我国科技人才政策回顾 [J]. 中国科技论坛, 2008（11）: 3-7.
② 顾承卫. 新时期我国地方引进海外科技人才政策分析 [J]. 科研管理, 2015（专刊）: 272-278.

息产业、新能源、高端装备制造业、新材料、民用航空等九大类，初步构建了我国的新兴战略产业框架。[1]新兴行业主要有云计算、大数据、人工智能、3D技术、无人技术、机器人、互联网医疗等。[2]2010年以来，随着《国务院关于加快培育和发展战略性新兴产业的决定》《"十二五"国家战略性新兴产业发展规划》等专项政策文件的出台，新兴行业产业的发展环境得到了极大的优化，其未来必将获得更大程度的发展。但目前我国还未形成与新兴行业产业发展相适应的人才培养体系，在新兴行业产业发展人才需求日益高涨的情况下，全新的人才培养结构亟待构建。

第二，高等教育体系现代化建设急需优化人才培养结构。高等教育现代化是社会主义现代化建设的重要组成部分，加快高等教育现代化建设是深入推进社会主义现代化的关键一步。2013年，瞿振元教授在以"改革·质量·责任：高等教育现代化"为主题的高等教育国际论坛上指出，高等教育现代化就是要以先进的教育理念为指导，使高等教育与经济社会现代化发展相适应，培育出能满足现代经济社会发展要求的高素质人才。[3]这揭示了高等教育现代化的重要特征：与经济社会发展相适应，能培育出满足经济社会发展需求的人才。也有研究认为，结构与质量及服务与贡献的现代化是高等教育现代化的关键指标。结构与质量现代化就是要促使高等教育与区域经济社会发展形成良性互动关系，促进不同类型的高校错位竞争、特色发展，学科和专业设置要符合社会发

---

[1] 章勇. 七大新兴产业名微调新名单意指何方？[J]. 中国科技财富，2010（17）：18-21.

[2] 未来中国最红火的16个新兴行业[F.B/OL].（2018-09-03）[2019-03-10］. https://www.sohu.com/a/251594775_100233513.

[3] 瞿振元. 实现高等教育现代化需要理论先行[J]. 中国高教研究，2013（12）：3-5.

展对相应人才的需求，并能根据市场需求动态调整，建立优胜劣汰的机制；服务与贡献现代化就是高等教育要充分发挥四项基本职能，通过培养各级各类高素质人才，为经济社会发展提供强大的人才保障和智力支撑。① 由此可见，全面推进高等教育现代化建设，急需优化高等教育结构，建立人才培养结构的动态调整机制，使其能够适应并引领经济社会发展对人才的需求。

第三，创新型国家建设急需优化人才培养结构、加强创新型人才培养力度。创新型国家是将科技创新作为基本战略，大力提升科技创新能力，以技术创新为经济社会发展核心驱动力的国家。1999年，国家《关于加强技术创新，发展高科技，实现产业化的决定》明确提出加强国家创新体系建设的目标，2006年首次正式提出要努力到2020年使我国进入创新型国家行列。自此伊始，大力推进创新型国家建设成为我国改革发展的重要战略任务。2012年，国家印发了《关于深化科技体制改革加快国家创新体系建设的意见》，对深入推进创新型国家建设做出了重要战略部署。2017年，党的十九大报告指出，要进一步加快创新型国家建设，瞄准世界科技前沿，强化基础研究，实现前瞻性基础研究引领原创性成果重大突破。② 这些都体现出了国家对创新型国家建设的高度重视。新时代，大力推进创新型国家建设业已成为社会主义现代化建设的中心环节。创新型国家是具有创新投入高、科技进步贡献率高、自主创新能力高、创新产出高等显著特征的国家。创新型国家建设基础在人

---

① 曹翼飞，王名扬. 我国高等教育现代化指标体系建构与阐释［J］. 国家教育行政学院学报，2018（9）：55-61.

② 新华网. 习近平强调，贯彻新发展理念，建设现代化经济体系［EB/OL］.（2017-10-18）［2018-03-10］. http://www.xinhuanet.com//politics/2017-10/18/c_1121820551.htm.

才，深入推进创新型国家建设急需大力加强创新人才培养，全面实施创造力教育，努力提升国民素质，营造良好的创新环境，建立创新的保护和鼓励机制，为创新人才的成长和发展构筑良好的生态，夯实创新型国家建设的人才基础。

## 第二节 人才培养结构的现状与问题

当前,我国高等教育人才培养结构持续优化,有效满足了社会基本人才需求,人才培养能力不断提升,但依然存在着人才培养结构动态调整机制尚未形成、社会主义现代化建设急需的新类型人才培养比重偏低、人才培养管理服务体系还不完善等问题,急需大力优化人才培养结构,增强人才培养服务经济社会发展和社会主义现代化建设的能力。

### 一、人才培养结构持续优化,动态调整机制有待形成

近年来,随着我国教育政策体系的不断完善、高等教育综合改革的不断深化,我国高校人才培养结构也得到了极大的改善,有效促进了经济社会的快速发展,但整体来看人才培养结构还存在着调整不及时、未能与产业发展结构完全适应、社会人才需求预测机制不健全等问题。当前,急需破解以上难题,构建人才培养结构与产业发展结构相适应的动态调整机制。

#### (一)高校人才培养结构调整不及时

及时调整人才培养结构是高校主动适应社会需求、提高人才培养质量、增强社会服务能力的重要一环,我国高等教育一直密切关注社会人才需求,努力提高人才培养的社会适应度和满意度,但当前我国高校人才培养结构还存在调整引导机制不健全、调整不及时的问题。

改革开放尤其是党的十八大以来,我国高校人才培养结构的调整加快了步伐,正努力构建与经济社会发展相适应的动态调整机制。在学科专业结构上,党的十八大以来,为适应经济社会发展需要,我国高校新

增了本科专业布点1.08万个，增设了82个新兴战略产业和民生急需的新专业，① 高校的学科专业结构整体以偏重应用型为主。在人才培养类型上，国务院出台了《国家职业教育改革实施方案》等重要政策文件，继续引导部分本科院校向应用型转型，加大应用型人才培养比重。在人才培养体系上，加快推进高校人才培养体系创新，实现人才培养过程"产学研"的深度融合，在注重培养学生深厚理论功底的同时，也关注实践技能的发展。在高校招生计划上，适当控制基础学科和理论学科专业的招生人数，增加工科等实践性学科专业的招生人数，努力培养更多应用型人才。

当前，我国高校人才培养结构调整面临着巨大的挑战。一方面，部分高校办学定位不清晰导致人才培养结构失衡。当前，一些高水平大学片面追求综合化，盲目提升办学层次，致使这些学校培养的人才与其培养高层次创新人才的定位不相适应；行业类院校服务能力明显下降，且与社会人才需求趋势不相适应；新建本科院校在增强高等教育特色方面发挥的调节作用不突出，② 这些都导致我国高校人才培养结构面临着失衡的风险。另一方面，高校人才培养结构调整的引导机制不完善。近年来，伴随着社会日益严峻的就业形势，我国高校由于人才培养结构调整的意识不强、成本过高、机制不成熟等原因，未能根据经济社会发展的需要及时调整人才培养结构，人才培养的错位、缺位、失位现象依然存在。从国家层面看，高校人才培养结构调整的引导机制还不健全，招生

---

① 徐倩，储召生. 昂首阔步迈向高等教育强国：党的十八大以来我国教育改革发展述评·高等教育篇［N］. 中国教育报，2018-09-06（13）.
② 陈国良，董业军，王秀军. 我国高等教育布局结构面临的挑战及对策建议［J］. 复旦教育论坛，2011（3）：49-54.

计划、就业反馈、拨款、标准、评估等方式在引导高校人才培养结构调整中的作用还有待充分发挥。

### (二) 人才培养结构与产业结构不适应

建立人才培养结构与产业结构相适应的体制机制，是促进高等教育与经济社会协调发展的重要举措。我国高校培养的优秀人才有效促进了社会产业结构转型升级和战略性新兴产业的发展，但目前我国高校人才培养还未能完全适应产业结构调整的需要，对创新人才尤其是拔尖创新人才的培养力度不够。

长期以来，我国高等教育为经济社会发展培养出了大批优秀人才。一方面，随着经济社会的持续发展、科技创新的不断加速，以及各领域的深刻变革，我国社会产业发展取得了巨大成就，产业结构总体与以往相比有很大改善，产业现代化水平与国际竞争力不断增强，产业结构整体呈现出由低级向高级演进的趋势，第一、二产业对经济增长的带动总体走弱，第三产业逐渐成长为国民经济的主导产业，产业内部结构趋于优化，产业空间布局呈现出了东部沿海地区率先对外开放、区域产业分工转移有序启动、产业比较优势集群明显加快等显著性特征。[①] 另一方面，近年来，科学技术及新兴网络技术的发展，也催生了我国以节能环保、新一代信息技术等为代表的战略性新兴产业的发展，为经济社会发展注入了强大活力。

虽然产业结构转型升级与战略性新兴产业发展步伐不断加快，但我国人才培养结构还未完全适应。其一，高校人才培养结构与产业结构转型升级不相适应。产业结构转型升级致使社会对从事第一、第二产业的

---

① 郭晓蓓. 改革开放40年我国产业结构演进历程与新时代重大战略机遇 [J]. 当代经济管理, 2019 (3): 1-19.

劳动力需求逐渐减少，对从事第三产业的劳动力需求快速增长，而当前我国高等教育仍以培养服务于第一、第二产业发展的人才为主，很难适应产业结构转型升级对各级各类人才的需求。其二，国家战略性新兴产业的快速发展要求高校全面加强创新型人才培养。新兴产业以重大技术突破与发展需求为基础，具有知识技术密集、物质资源消耗少、综合效益好等优势，对我国经济社会全局和长远发展具有重大引领作用。大力发展战略性新兴产业，急需大批创新型人才特别是拔尖创新型人才，而我国高等教育创新型人才培养能力还比较薄弱，这也为优化人才培养结构提出了明确的要求。

### （三）社会人才需求的预测机制不健全

统筹各种社会力量、健全社会人才需求预测机制，是提升高等教育人才培养针对性、社会适用性，进而为经济社会发展夯实人才基础的关键一环。近年来我国社会人才需求预测工作取得了显著成绩，但还未形成健全的社会人才需求预测机制。

人才需求预测是根据未来社会政治、经济、文化、科技等发展的一般趋势与战略规划，预测未来特定时期内社会所需人才的数量、结构、类型、素质要求等。科学有效的人才预测是人才管理决策的重要前提、解决人才"供需矛盾"的科学依据、提高教育投资效益的有效途径、实现经济社会发展规划的重要保证。[1]我国一直重视人才需求预测工作，并积极推动构建高校人才培养与社会人才需求的动态调整机制。2017年《教育部关于推动高校形成就业与招生计划人才培养联动机制的指导意见》正式出台，明确要求高校积极构建就业与招生计划、人才培养的

---

[1] MBA智库百科. 人才预测［EB/OL］.［2019-03-10］. https://wiki.mbalib.com/wiki/人才预测.

联动机制，主动适应国家需求，建立动态适应机制，形成了招生计划和学科专业的动态调整机制，不断完善高校人才需求预测、预警系统和毕业生就业监测反馈系统，建立健全专业的预警、调整机制，动态调整高校招生规模。这为社会人才需求预测工作的顺利开展提供了坚实的政策基础，有效推进了人才需求预测工作的开展，促进高校初步形成了社会人才需求预测机制。

整体上看，当前我国人才需求预测工作还存在很多问题。一是预测主体不明确。人才需求预测到底是谁的责任，怎样的预测主体才能使预测更加规范化、专业化、准确化、权威化，这些问题至今还没有形成明确的共识。二是预测客体尚不清晰。到底以哪些行业或职业为基础开展人才需求预测还没有形成明确的共识，尤其是对于重点行业、重点领域、战略性新兴产业等人才发展与需求的动态跟踪和预测机制尚待构建。三是预测方法科学化水平有限。人才需求预测工作没能充分发挥行业协会、社会组织、企业等的作用，产业发展和就业等信息的使用程度也远远不够，多部门协同、跨行业合作的人才需求预测机制还有待形成。①

## 二、有效满足基本人才需求，新类型人才培养待强化

长期以来，我国高校人才培养为经济社会发展做出了突出贡献，有效满足了社会基本人才需求，但随着我国产业结构的转型升级、战略新兴产业的快速发展、社会主义现代化事业的加速推进，应用型、复合型、技术技能型人才以及国防与军队现代化建设人才、国家网络安全人

---

① 黄梅. 建立与经济社会发展需求相适应的人才需求预测机制［J］. 劳动保障世界，2016（4）：65.

才等新型人才的培养比重偏低，难以满足社会主义现代化建设的人才需求。

### （一）应用型、复合型、技术技能型人才培养比重偏低

推动学科深度交叉融合，加大应用型、复合型、技术技能型人才培养比重，是提升高校人才培养和服务经济社会发展能力的关键一环。我国应用型、复合型、技术技能型人才的社会需求量巨大，但目前我国高校这些人才类型的培养比重偏低。

随着我国产业结构转型升级的加快，推进经济社会发展急需大批应用型、复合型、技术技能型人才。第一，行业企业改革发展需要大批应用型人才。人才是行业企业生存和发展的基础，在行业企业稳步发展时期，掌握生产知识、熟悉生产技能、了解行业规则的应用型人才需求相对稳定，但随着近些年我国行业企业的快速发展和规模的不断扩大，都显现出了对行业领域应用型人才需求的紧迫性，急需大批应用型人才为行业企业发展注入强大动力。第二，产业升级发展需要更多复合型人才。世界范围内的本轮产业结构转型升级，突出地表现为网络信息技术、科技创新与原来行业领域的紧密融合，技术含量、生产效率、产品附加值大幅度提升，这都使得复合型人才成为社会需求新的增长点，而且随着产业结构转型升级的加快会愈演愈烈。第三，社会扩大再生产需要大批技术技能型人才。长期以来，活动在生产一线、为社会谋取直接利益的人才是技术技能型人才，但随着行业企业生产工序复杂度和精确度的不断提升，在掌握技术的基础上形成的生产能力成为社会生产的迫切需要。

我国高校应用型、复合型、技术技能型人才培养的基础较为薄弱，培养比重偏低。一方面，高校学科专业交叉融合程度不高，培养社会急

需的各级各类人才基础薄弱。学科专业是高校人才培养的基础和依托，深入推进学科专业交叉融合，是寻求学科专业新的增长点，培养应用型、复合型、技术技能型创新人才的重要保障。从整体上看，目前我国高校学科专业建设普遍存在着融合度较低、壁垒严重，学科专业交叉意识不强，教学和科研工作分散封闭、资源共享不足，学科专业交叉平台和制度机制建设滞后等问题，[①]这在很大程度上限制了高校培养社会急需人才的能力。另一方面，社会需要大量应用型、复合型、技术技能型人才，但在当下高校人才培养中这类人才所占比重偏低。造成以上问题的原因主要是我国高校依然存在着学科专业设置同质化严重、人才培养中重理论学习轻实践锻炼、只注重专业知识学习而忽视综合素养发展等问题。[②]

### （二）国防与军队现代化建设人才培养不足

促进军民深度融合，加强国防与军队现代化建设人才培养，既是我国军事人才培养制度改革创新的客观选择，也是高等教育职能重塑与拓展的内在需求。近年来，我国采取了大量有效措施全面加强国防与军队现代化建设，取得了显著成效，但当前我国军民融合深度依然不够，国防与军队现代化建设人才培养也相对不足。

军民融合是我国的一项重大国家战略，大力推进军民深度融合发展是支撑国家由大变强的必然选择，也是赢得国际科技和军事竞争优势的关键之举。[③]党的十八大以来，随着军民融合逐渐上升为一项国家战略，我国从党和国家事业发展全局的高度进行了系统设计，出台了《关于加

---

[①] 秦树文. 以多学科交叉融合提升高校创新能力[N]. 科技日报, 2013-08-06 (6).
[②] 王芳. 基于供给侧改革的高校应用型人才培养[J]. 江苏高教, 2016 (5): 103-106.
[③] 钟新. 深入实施军民融合发展战略[N]. 光明日报, 2017-11-16 (13).

强军民融合发展法治建设的意见》等系列专项政策文件，军民融合组织管理体系基本形成，战略规划引领不断加强，国防和军队现代化建设人才培养力度不断加大，我国军民融合发展呈现出整体推进和加速发展的良好势头。

长期以来，我国国防科技工业与民用工业分开管理的运行制度，使我国军民深度融合发展和治理都存在一些问题，国防与军队现代化建设人才不足。一方面，军民深度融合发展的问题表现在缺乏统一领导的组织管理体系，技术标准不统一制约着军用技术与民用技术的双向互动，信息不集中、传递不通畅等制约深度融合的发展，投融资渠道单一，缺乏良好的投融资环境等；[1] 另一方面，军民深度融合发展存在的问题表现在军地双方机械对接导致军民深度融合发展缺乏整体优化设计，行政因素单一推进导致军民深度融合发展缺乏深层力量支持，命令导向和概括执行导致军民深度融合发展缺乏有力过程监督，任务牵引忽视质量和效率导致军民深度融合发展缺乏科学性价比支撑等。[2] 这些问题都导致我国军民融合深度不够，军民合力培养国防和军队现代化人才的力度不够。

### （三）国家网络安全人才与创新基地建设力度不够

强化国家网络安全人才与创新基地建设，是信息时代维护国家网络安全的国家战略，也是保障我国社会主义现代化建设事业顺利推进的必然选择。在当前互联网服务行业快速发展的背景下，我国也采取了有力措施保障国家网络安全，并取得了显著成效，但从整体上看我国国家网

---

[1] 王影. 军民深度融合发展的问题和路径 [J]. 团结，2018（5）：45-48.
[2] 张雪梅. 军民深度融合发展的治理困境与对策 [J]. 徐州工程学院学报（社会科学版），2018（3）：19-23.

络安全人才与创新基地建设力度不够，网络安全人才培养亟待加强。

作为一种新兴产业，互联网产业发展速度惊人，未来发展潜力巨大。2015—2017年，全球互联网服务市场规模由10 106亿美元增至15 409亿美元，预计于2022年达到26 009亿美元；我国互联网服务市场规模由1 891亿美元增至3 202亿美元，预计于2022年达到6 692亿美元。① 互联网服务行业如此庞大的市场规模，加之其具有高度弥散性、渗透性等特征，又随着我国"互联网+"战略的持续深入推进，使得互联网服务几乎渗透到我国经济社会发展和人民日常生活的方方面面，这就使国家网络安全成为事关国家长治久安、经济社会发展和人民群众福祉的大事。党的十八大以来，国家高度重视网络安全和信息化工作，统筹协调涉及政治、经济、文化、社会、军事等领域网络安全的重大问题，采取了一系列重大举措，实施了"国家网络空间安全战略"，颁布了《中华人民共和国网络安全法》，网络安全和信息化顶层设计、总体架构基本确立，国家网络安全进一步巩固，网信事业取得重大突破。②

当前，我国国家网络安全人才与创新基地建设力度不够，网络安全人才培养和技术攻关都有待加强。需要清醒地认识到，我国国家网络安全形势依然十分严峻，国家发展及公民个人在网络空间的合法权益都面临着严峻挑战，而当前我国国家网络安全人才还比较短缺，国家网络安全管理、预警、危机处理机制还不健全，国家网络安全人才与创新基地

---

① 中国产业信息网. 2018年1—5月中国互联网服务行业市场发展规模及行业发展趋势分析［EB/OL］.（2018-07-04）［2018-03-10］. http://www.chyxx.com/industry/201807/655285.html.

② 本报评论员. 没有网络安全就没有国家安全［N］. 解放军报，2018-04-23（01）.

建设刚刚起步。这都急需以大力加强国家网络安全人才与创新基地建设为抓手，强化国家网络安全人才培养和专项技术攻关，推动形成国家网络安全人才培养、技术创新、产业发展的良性生态，为国家网络安全提供坚实的保障。

### 三、人才培养能力不断提升，管理服务体系还不完善

随着高等教育综合改革的深入推进，我国高校各项体制机制建设也不断完善，高校人才培养能力持续提升，但目前我国高校以研究生为代表的高层次人才招生计划管理机制不科学，人才的就业创业服务体系还有待完善，亟待进一步深化改革。

#### （一）研究生招生计划管理机制不科学

研究生招生计划管理是开展研究生招生、实施研究生教育的基础环节，科学的研究生招生计划管理机制是有效选才、扎实育才的基础和前提。随着我国研究生招生规模的不断扩大，构建完善的研究生招生计划管理机制是有效优化人才培养结构的重要举措。近年来尽管我国不断加强研究生招生计划管理机制建设，但当前相应的制度机制还不尽科学。

我国不断加强研究生招生计划管理机制建设，并取得了阶段性成效。改革开放以来，尤其是近些年我国研究生招生规模呈持续快速增长状态。2021年全国硕士研究生报考人数达377万，较2020年341万增加了36万，增幅达到了10.6%，报考人数再创历史新高。回溯近五年的考研报名数据，从2017年的201万，到2021年的377万，不到五年时间，考研报名人数增加了170多万。[①] 面对持续增长的研究生教育规模，我

---

① 2021考研今开考：377万人报名　各地强调考场防疫［EB/OL］.（2020-12-26）
　［2021-05-07］. http://www.moe.gov.cn/jyb_xwfb/s5147/202012/t20201228_507808.html.

国也在不断探索和完善研究生招生计划管理机制。目前我国一直通过国家教育行政部门下达全国研究生招生计划的方式，对以研究生为代表的高层次人才培养结构进行宏观调控，使其保持在一个较为合理的状态。近些年又开始探索高校自主招生和国家宏观调控相结合的研究生招生计划管理机制，取得了显著成效，有效保证了研究生的培养和就业质量。我国也在实践中持续优化研究生招生计划管理机制，以使其更为科学、发挥更大的效能。

尽管我国已经采取了一系列有效措施，但目前研究生招生计划管理机制还不尽科学。第一，高校层面招生计划确定的经验主义痕迹明显。在研究生招生计划制订和分配过程中，多数高校采取了规模估量的经验主义方式。按照存量决定增量的计划配置方式，大部分院系的招生计划数量照搬上一年度的数量，只有少量招生名额会根据实际情况的变化调整，这种经验主义的招生计划确定方式，难免使计划分配结果与实际需求有所偏差。第二，部分高校在确定研究生招生计划过程中存在滥用自主权的问题。有些年份，国家研究生招生计划政策文件要求比较灵活，如1993年国家放开了高校自筹经费招生，这就使部分高校变通执行国家政策，出现标准和规则不统一等现象，甚至还有部分高校出于创收、声誉等目的，故意曲解、滥用高校招生自主权，盲目扩大招生规模。第三，高校研究生招生计划分配缺乏科学的方法指导。一方面，二级培养单位招生计划名额分配缺乏有效的方法。二级单位在研究生招生名额分配上，权力多在拥有招生资格的教师手中，参照往年标准，根据教师资历、职称等因素分配名额，在这种情况下就可能出现导师没有科研项目和经费仍能带研究生的问题，影响研究生培养质量。另一方面，部分机动性招生名额分配无科学依据。当前，考虑各种意外情况，各高校内部在招生计划分配时，往往会预留一些机动名额，但这些机动名额到底如何分配还缺乏明确的标准，从而使机动名额失去本身的价值。①

### （二）人才就业创业服务体系不完善

完善的人才就业创业服务体系是促进人才就业创业、推进经济社会发展的重要保障，在我国待就业人才队伍不断扩大的形势下，我国也在不断健全人才就业创业服务体系，但当前服务体系还不完善，尚未形成全方位的就业创业服务体系。

随着我国高等教育大众化进程的不断推进，高等教育招生规模越来越大，待就业人员数量也越来越多，尤其在近年来人才就业问题已经成为突出的社会问题。2021年全国应届高校毕业生总数达到了909万人，同比增加35万人，再创历年新高。与此同时，全球新冠肺炎疫情导致更多海外留学生选择回国工作，这使得我国总体面临着巨大的就业压力。②长期以来，我国十分重视推进人才就业创业工作，将就业创业视为最大的民生工程。改革开放尤其是党的十八大以来，为大力推进高质量就业，国家提出了"劳动者自主就业、市场调节就业、政府促进就业和鼓励创业"的方针，全面实施就业优先战略和积极的就业政策，促使我国人才就业创业工作取得了显著成绩，就业总量持续增长，就业结构不断优化，就业创业制度实现根本性变革，就业创业政策和服务体系日

---

① 廖素娴，张立迁，王顶明，等. 高校研究生招生计划分配及其优化研究［J］. 学位与研究生教育，2018（7）：28-33.
② 2021年全国普通高校毕业生达909万人 如何从"能就业"到"就好业"［EB/OL］.（2021-05-31）［2021-06-07］. http://www.moe.gov.cn/jyb_xwfb/xw_zt/moe_357/2021/2021_zt08/hd/yw/202105/t20210531_534363.html.

益完善。①

　　值得注意的是，当前我国人才就业创业服务体系还存在着许多问题。一是就业创业服务组织机构不健全，职责定位模糊，在相关政策咨询、教育培训、风险评估等方面的作用还未充分发挥；二是就业创业政策体系不完善，政策制度缺乏统一规划、系统化程度较低、可操作性欠缺、激励性不够，相关配套政策不健全，尤其是大学生就业创业立法尚属空白；三是就业创业保障机制不完善，大学生就业创业福利保障较差，创业失败保障制度有待完善。②面对巨大的社会就业压力，我国人才就业创业服务体系还有待进一步完善。

---

① 人力资源和社会保障部党组理论学习中心组. 把就业这个最大的民生抓紧抓好[N]. 人民日报，2018-08-07（07）.

② 秦建国. 大学生就业政策支持体系问题分析[J]. 当代青年研究，2007（11）：45-49.

## 第三节　优化人才培养结构的动向与策略

面对经济社会发展对高校人才培养提出的新要求、新挑战，未来我国将努力构建人才培养结构与产业发展结构的动态调整机制，不断完善社会人才需求预测机制、人才招生管理和就业创业服务体系，加大应用型、复合型、技术技能型以及国家网络安全、国防和军队现代化建设人才的培养比重，为社会主义现代化建设夯实人才基础。

### 一、综合采用多种举措，引导高校及时调整学科专业结构

综合运用招生计划、就业反馈、拨款、标准、评估等方式，引导高校及时优化人才培养结构。一是将专业调整与招生计划挂钩，加强高校学科专业调整宏观调控。全面统筹经济社会发展的各级各类人才需求，统筹不同地区、不同类型、不同层次高校办学定位、办学资源和办学能力等因素，充分利用招生计划的调节手段，加强对人才培养学科专业结构、层次结构、类型结构的宏观调控，促进高校不断优化科类结构、调整专业招生规模。二是将专业调整与就业反馈挂钩，根据市场需求及时调整专业结构。建立高校就业跟踪反馈制度，根据反馈信息，及时下调社会需求明显不足的专业招生人数，扩大与本地区经济社会发展直接相关、就业预期较好的学科专业的人才培养规模。三是将专业调整与经费投入挂钩，提升学科专业结构调整的主动性。建立高校专业调整奖惩机制，对专业调整改革成效显著的高校，在重点学科、重点专业、重点实验室建设等经费方面优先安排，对没有调整或成效不明显的高校则减少投入。四是将专业调整与质量标准挂钩，增强高校学科专业调整的标准

意识。建立明确、具体、可操作的学科专业开设质量标准，为高校学科专业调整提供参考依据，增强学科专业质量标准的权威性和影响力，促使高校将学科专业调整作为一项基础性、常态性、自主性的工作。五是将专业调整与评估评优挂钩，提高学科专业结构调整的积极性。充分利用学科评估、教学质量评估、专业认证、评奖评优等常规性工作，将学科专业调整改革成效作为重要的考核衡量指标，把专业调整改革与新专业设置挂钩，在专业备案和审批时优先考虑专业调整改革动作快、力度大、成效显著的高校，促进高校充分重视学科专业调整工作，及时根据经济社会发展需要调整学科专业结构。

## 二、构建动态调整机制，促进人才培养与产业发展同频共振

及时适应我国产业结构转型升级对人才需求的变化，逐步提升高层次人才培养比重，加强创新人才特别是拔尖创新人才培养。其一，适应产业结构转型升级需求，提升高层次人才培养比重。产业结构转型升级具体表现为经济结构由以轻纺工业为主、以原材料为重心、以低附加值的劳动密集型产业为核心，上升到以重化学工业为主、以加工组装为主、以高附加值的技术密集型产业为主，整体上表现为经济重心从第一、第二产业向第三产业升级，产业结构转型升级的核心在于技术进步和比较优势的变化。适应产业结构升级的需求，高校要提高对高层次人才培养的比重，加强对高素质创新型人才的培养。其二，适应战略性新兴产业发展需要，加大新兴产业需求人才培养比重。战略性新兴产业作为一种知识与技术密集型的产业，一方面，由于对知识和技术水平要求较高，使得以往高校培养的应用型和技术型人才难以满足产业发展的需要，急需加大高层次创新型人才培养比重；另一方面，由于战略性新兴

产业在产生之前的人才需求不明朗，在新兴产业产生初期的一段时间内，其所需人才的比例又较低，使得高校还未将其对人才素养、数量等纳入人才培养计划。高校要密切关注国家战略性新兴产业的发展状况及趋势，及时了解和把握其对人才素质和数量需求的状况，加大对战略性新兴产业所需人才的培养力度。其三，适应我国产业创新发展需求，加强创新人才尤其是拔尖创新型人才培养。产业转型升级还在继续，战略性新兴产业也在不断涌现和持续发展，未来我国深入推进产业结构转型升级、加快战略性新兴产业发展步伐，大力强化创新型人才尤其是拔尖创新型人才培养是关键的一环。高校应结合产业发展动向、趋势和战略规划，全面深化教育综合改革，优化人才培养结构，提高人才培养水平，努力实现人才培养结构优化与产业结构转型升级同步推进。

### 三、依托行业协会组织，建立健全社会人才需求预测机制

充分发挥行业协会、社会组织、企业的作用，统筹产业发展、就业等各类信息，建立多部门协同、跨行业合作的人才需求预测机制。一方面，依托行业协会、社会组织、企业等主体，统筹产业发展、人才需求、就业情况等各类信息。在国家和地方各个层面上成立由教育行政部门牵头、各级各类高校广泛参与的社会人才需求预测部门，建立社会人才需求跟踪调查和预测研究机制。充分发挥行业协会的作用，通过与行业协会合作，及时把握社会各行各业人才需求状况；充分发挥各种正式、非正式的社会组织及企业的作用，了解社会用人需求，把握用人标准，掌握用人反馈信息。综合各类信息，搭建社会用人需求信息数据库，建立人才需求预测大数据共享与应用平台，及时更新各类信息，推

动信息共享，充分利用现代信息网络等新媒体技术，扩大人们获取人才需求信息的渠道来源。另一方面，大力推进协同创新，建立多部门协同、跨行业合作的人才需求预测机制。第一，推动形成多部门、多行业协同的人才需求预测主体。依托各级教育行政部门人才需求预测机构，在国家和地方各个层面上联合财政、民政等相关部门成立专门的人才工作领导小组，负责开展人才需求预测体系发展规划，决定人才需求预测体系建设和发展中的重大事项，统一调度各种资源；探索建立由行业协会、社会组织、企业等第三方构成的人才需求预测组织，鼓励和支持其在准确把握行情的基础上，对人才需求进行预测、预报、预警，探索政府授权、委托、项目资助或购买服务等多种第三方人才需求预测服务方式，提高人才需求预测效能。第二，建立人才需求预测的长效工作机制。充分发挥政府机制与社会机制的双重作用，研究制定人才需求预测工作实施办法，确立工作的基本原则、适用范围、预测模式及结果的反馈与应用机制，建立国家人才需求预统计制度，全面推进人才需求综合预测、区域预测、专项预测，建立预测结果反馈机制，推动形成人才需求预测体系动态调整机制，促进人才需求预测体系不断走向成熟。[①]

## 四、推动学科交叉融合，扩大应用型、复合型、技术技能型人才培养比重

推动新兴交叉学科专业特别是学科深层交叉融合，加大应用型、复合型、技术技能型人才培养比重。一是加强学科交叉融合平台建设，大力推进学科深度交叉融合。统筹全校学科专业发展状况，以重点学科、

---

① 黄梅. 建立与经济社会发展需求相适应的人才需求预测机制 [J]. 劳动保障世界，2016（4）：65.

重点专业、重大科研成果、重点科研团队等为核心，以重点支持科研项目尤其是跨学科科研项目的申报和研发为抓手，鼓励和支持研究人员根据研究需要，打破人员院系、学科、专业限制，组建高水平的学科交叉融合平台，大力支持依托平台开展人才培养、科技研发、社会服务，不断推进学科深度交叉融合，促进复合型学科专业集群发展，促进人文社会科学与自然科学在发展中的有机融合。二是创新学科交叉融合管理模式，厚植学科交叉融合发展基础。借鉴美国、英国、日本等发达国家的经验，将推进跨学科研究和交叉学科建设作为一项国家重点战略，成立专门的管理机构，投入专项资源支持，以立法的形式提供保障。高校要结合交叉学科平台实际情况，以改进管理模式促进交叉学科建设，更加遵循教育和学科建设规律，紧抓核心环节，创新管理模式，加快构建充满活力、更有效率、更加开放、更加有利的交叉学科管理机制。三是坚持学科交叉融合育人理念，深入开展应用型、复合型、技术技能型人才培养。一方面，充分发挥学科交叉融合平台优势，鼓励和支持条件成熟的学位点开设交叉学科专业，在交叉学科上培养人才，着重发展学生解决问题的综合素养；另一方面，结合高校实际，制定交叉学科人才培养方案，为学生提供整合性、针对性的跨学科训练，探索实施跨学科的多元导师制和项目导师小组制，深化跨学科项目合作和资源共享，深入推进应用型、复合型、技术技能型人才培养。

### 五、推进军民深度融合，培养国防和军队现代化建设人才

大力推进军民深度融合，军地合力培养国防和军队现代化急需的各类人才。一是加强思想引导，凝聚推进军民融合发展的意志力量。深入推进军地各方增强政治意识、大局意识、核心意识、看齐意识，坚持将

思想和行动与中央决策部署相统一，拓宽战略视野，增强大局观念，按照职责和分工抓好军民融合发展工作，强化军民融合理念，做到应融则融、能融尽融，最大程度凝聚军民融合发展合力。二是强化组织领导，构建推进军民融合的组织领导体系。强化中央统一部署，在不同层面上选择军民双方、不同行业领域的骨干人员，建立中央、省、市、县等各级军民融合、纵向贯通的常设组织体系，充分发挥组织机构职能，及时沟通会商，协调解决好重大问题，做好跟踪监督，确保各项工作精准落地，建立军民融合发展的评价标准规范，完善绩效评估和问责机制，提高军民融合发展整体效益。三是推进改革创新，打破推进军民融合的政策制度阻碍。大力推进军民融合改革创新，打通"军转民""民参军"的制度障碍，打破军用与民用标准体系的技术壁垒，充分激发各方的积极性，推动军民融合发展由行政手段为主向强化市场运作转变；整合军民研发资源，建立军民融合产学研合作机制，制定并实施军民两用技术产业化专项计划，建立重大项目联合攻关机制，增强军民协同创新能力。四是完善制度体系，营造推进军民融合的良好环境氛围。完善军民融合政策制度体系，规范军民融合中参与主体的行为，努力保障各方权益，引导经济社会领域更好地服务国防建设，创造充满活力、健康有序的军民融合氛围；完善军民融合人才培养体系，在系统推进军民深度融合的过程中，促进军地双方合力培养国防和军队现代化建设急需的各类人才，为推进我国国防和军队现代化建设进程提供智力和人力资源保障。①

---

① 钟新. 深入实施军民融合发展战略［N］. 光明日报，2017-11-16（13）.

## 六、聚力优化发展生态，强化国家网络安全人才与创新基地建设

全面加强国家网络安全人才与创新基地建设，形成人才培养、技术创新、产业发展的良性生态。一方面，加快推进国家网络安全人才与创新基地建设进程，完善各项基础设施。认真落实国家相关政策，进一步加大武汉市东西湖区国家网络安全人才与创新基地，包括网络安全学院、网络安全研究院、网络安全国际人才社区、网络安全产业园等在内的各项工程建设的推进力度，坚持将基地硬件设施建设与网络安全人才、产业引进同步推进，努力打造国家网络安全产业港，加快形成网络安全信息产业新格局，为国家实施网络安全战略贡献力量。另一方面，推进人才培养、技术创新、产业发展，构建良好的基地发展生态。集聚国内外一流水平的网络安全产业、企业、人才，打造从网络安全科研、教学、人才培养到覆盖整个产业链的网络安全生态体系，占领网络安全发展的制高点。一要集中力量开展国家网络安全技术攻关。坚持以国家网络安全保障需求为核心动力，重点开展网络安全核心技术攻坚战，争取在网络安全维护的规划、部署、检测、防御、分析、溯源、威胁情报分析等关键技术上有重大突破，加强对人工智能、大数据等新技术应用领域安全技术的研究，构建多领域、多层次的网络安全技术保障体系，推动形成全天候、全方位的态势感知和有效防护的网络安全保障系统。二要大力开展国家网络安全后备人才培养。充分利用基地网络安全人才和技术集中的优势，依托网络安全学院和研究院，建立国家网络安全人才培养体系，在技术攻关中加强后备人才培养，加快人才输出，推进核心技术研发和全民网络安全普及教育。三要加快国家网络安全产业化发展。优化政策和制度环境，大力招商引资，加强项目配套设施建设，努

力打造一流的国家网络安全产业园区，推进网络安全产业化发展。

### 七、改革招生管理机制，研究生招生与科研项目及经费挂钩

深化招生管理机制改革，探索建立与科研项目和经费挂钩的研究生招生计划管理机制。一是坚持研究生招生资格每年认定制度，打破导师终身制。全面贯彻落实"评聘分离"原则，打破研究生导师资格与教师职称挂钩的制度，落实研究生导师岗位聘任制度，坚持研究生招生资格每年一认定制度，在导师评聘工作中综合考察教师职称、学术道德、科研水平、学科研究方向、科研项目及账户经费等关键要素，形成研究生导师身份动态管理和调整机制。二是坚持研究生招生与科研项目及经费挂钩，形成需求和资源导向的招生模式。统筹学校、院系、教师个人的科研项目及经费情况，根据教师科研项目和经费整体情况，向院系下达研究生招生计划名额，建立教师个人研究生招生名额申请制度，教师根据自己科研项目及所能提供的经费情况，向院系申请招生名额，院系在招生名额分配中重点考虑有科研项目研究需求和经费资源丰富的教师，限制无科研项目及经费的教师招生。三是坚持研究生招生向重大成果产出学科及新兴和交叉学科倾斜，大力支持学科发展。在招生计划分配中，重点考虑学科发展现状和发展规划，把招生计划向有重点学科、重大科研平台、重大科研成果的院系倾斜，统筹考虑学科发展及学科交叉融合趋势，大力支持新兴学科、交叉学科的教师和团队开展研究生培养工作，为新兴和交叉学科发展创造条件，助力优秀中青年教师发展和进步。四是坚持招生计划分类管理机制，提升计划分配的科学性。推进研究生招生计划的基本招生计划和调控招生计划分类管理制度，坚持将基本招生计划用于落实基本培养任务，要求使用基本招生计划的导师为研

究生提供一定比例的资助；将调控招生计划用于支持重点人才、重点项目、重点学科发展，要求使用调控计划招生的导师为研究生提供学业奖学金和助研岗位，充分提升研究生招生对人才培养、教师成长、学科发展等的作用。

### 八、加强就业创业服务，建立全方位的就业创业服务体系

进一步完善就业创业服务体系，提供全方位就业创业服务。一是成立服务机构，强化就业创业服务功能。统筹各级政府与非政府主导的社会就业创业服务机构，建立纵横贯通的服务网络结构，以便于以劳动力需求双方提供服务为出发点，调整服务机构布局，加强配备个人素质、理论水平、职业修养等较高的专业服务人员，提升服务质量和效率，切实发挥服务机构效能。二是完善政策体系，提高政策的可操作性和激励性，鼓励和支持创业。不断完善就业创业服务政策制度，加强就业市场宏观调控，保障就业市场的公开、公平、公正，建立适应高校毕业生就业的政策体系，对高校毕业生就业创业在经费上有所倾斜，出台更为有效的激励政策和保障措施，鼓励和吸引大学生到西部、农村、基层工作；完善适合我国国情的大学生创业政策和服务体系，加强大学生创业服务基础设施建设，通过政策优惠和财政支持等措施，引导和扶持大学生自主创业。三是完善服务制度，提升服务质量和水平。充分借助网络、媒体等多种形式，建立全方位、多层次、广覆盖的信息发布渠道，建立健全公共就业服务工作平台，为求职人员提供更加便捷、更有针对性、更加优惠的服务；重点完善就业创业服务机构的政策咨询、职业指导、创业指导、就业信息提供、技能培训、接续社会保险关系等功能，不断健全服务制度、改进工作作风、规范服务行为，建立"一站式"就

业服务体系，更好地帮助求职人员和用人单位，促进社会就业创业。四是健全保障体系，提高就业创业安全感和积极性。加强统筹规划，推进职业介绍、职业培训、失业救济、失业保险等的一体化建设，强化劳动力职业技能培训，完善社会失业救济和失业保险制度；加快建立创业风险储备基金，落实创业小额贷款制度，积极引导和培育创业投融资体系，为社会就业创业活动提供坚实保障，提升就业创业的积极性。

# 第六章　加强高校创新体系建设

　　高校是人才与知识的发源地，也是原始创新的输出地，国家的创新离不开高校的创新，高校参与科技创新已经成为一项制度安排，纳入国家发展的总体战略。近年来，高校涌现出一大批具有应用前景的科技创新成果，研发并掌握了一批事关国家核心竞争力的关键技术，培育了一批拥有自主知识产权的高技术企业，在建设创新型国家中发挥了关键性作用，但是高校在原始性创新潜力挖掘、创新基地建设、产学研融合等方面仍旧存在一些问题。《中国教育现代化2035》明确提出要在高校建设国际一流的国家科技创新基地，全面提升高校原始创新能力，加强应用基础研究，探索构建产学研深度融合协同创新联盟。为了实现这一目标，就必须切实完善高校创新基地运行管理机制、激励机制、联动管理机制、人才培养及合作交流机制；壮大科技人才队伍，提升创新资源能力，强化创新资金保障，营造科技创新氛围；建立健全产学研协同创新利益机制、成效科学评价机制、创新主体激励机制，构建产学研联盟信息综合服务平台。

## 第一节　加强高校创新体系建设的形势与背景

随着人类社会进入知识经济时代，创新立国成为世界各国发展经济和参与国际竞争的趋势。依靠资源、资本和劳动力为主导的传统发展模式已经被依靠科技、知识和人才为主导的创新模式取代，科技创新已成为国家经济、科技竞争的焦点。世界各国都在围绕科技创新调整发展战略，制定行动计划，提高国际竞争力。高校参与科技创新已经成为一项制度安排，纳入国家发展的总体战略。目前，高校创新体系建设的关键是构建高校参与科技创新、服务科技创新的策略与布局框架。

### 一、加强高校创新体系建设的国际形势

伴随着科技革命的兴起与发展，科学技术与世界经济发展的联系更加紧密，并逐步成为世界经济发展的决定性因素。高校创新体系建设在国家创新体系中的作用日益显现，正逐渐成为国家创新体系的主战场。世界各国尤其是发达国家十分重视高校创新体系的建设，而高校创新也逐渐形成了规模效益，获得一定成效，在提升综合国力和经济实力方面发挥了重大作用。

#### （一）高校创新体系成为国家创新体系建设的重要组成部分

以知识的生产、扩散和转移为主要职能的高校，构建起了完备的知识创新系统，并以此为基础建立起来的高校创新体系，无疑成为国家创新体系的主战场。因此，国际社会充分认识到高校创新体系在构建国家创新体系进程中的关键作用，各国纷纷通过拟定科学技术发展的公共政策、增加科学技术投入、提出优先决策、加强基层建设、增加设施设备

等举措提升高校的创新效能。美国是最重视高校创新体系建设的国家之一。早在1939—1945年，美国就致力于帮助高校开展基础研究与技术开发活动，这在很大程度上提高了美国高校的整体实力。20世纪70年代，美国联邦政府又极力推动高校与企业之间的合作研究，构建起高校与企业的战略联盟，加快知识和技术在美国高校、企业、研究所、研究院等机构之间快速流动，扩大高校在科技创新开放化和互动化体系建设中的竞争优势。同时，发达国家的科技创新产业园都以世界一流研究型高校作为人才资源的背后支撑，例如韩国创办了具有代表性的高级科学研究院，美国128公路地区的背后支撑力量是世界著名的麻省理工学院。国外高校科技创新体系建设的实践表明，高校在国家创新体系中具有不可替代的作用。①

### （二）颠覆性原始创新力成为世界科技中心建设的重要推力

从历史纵向坐标来看，16—20世纪，颠覆性科技创新群的涌现造成世界科技中心五次大转移，依次从四大文明古国，特别是古希腊和中国到意大利、英国、法国、德国、美国。19世纪之后，致力于细胞学、相对论、量子力学等颠覆性科学理论研究，推动电气工业、化学工业等战略产业快速发展的德国，超过英国、法国成为新的世界科技中心。20世纪后，新的科技大国——美国，极力推进基础研究，集中精力组建具有引领性的创新性实验室，创新推动原子能、计算机、空间技术、因特网等颠覆性技术发展，又超越德国成为新的世界科技中心。因此，颠覆性技术创新成为世界科技中心更迭的关键性因素。世界一流大学是颠覆性、引领性科技的聚集地和发源地，更是致力于培养下一个世纪科学、

---

① 李秀娟. 构建高校科技创新体系的探索与思考［J］. 中国高校科技与产业化，2010（10）：18-19.

学术、政治等方面具有引领力和创新性的领导者，通过激励开展基础科学研究，引领学生进行自由探索和创新。从世界科技发展及创新型国家建设的现状来看，实施创新教育和改革人才培养体制成为重大科技创新的重要举措，也是世界一流大学建设的重要路径。因此，着眼颠覆性原始创新能力提升、建设世界一流研究型大学成为建设科技强国的最佳选择。

### （三）一流高校创新体系成为创新型国家的战略支撑力量

建设创新型国家成为大国发展的关键战略，是新时代国家综合实力提升的基础和关键。高校是培养人才的基地，也是新知识、新思想的发源地，更是高新技术的辐射源，在国家创新体系中扮演着生产知识、传播知识和应用知识的重要角色，其科技创新能力在一定程度上反映了国家科技进步水平。因此在创新型国家建设中，高校被誉为知识创新的力行者、技术创新的领导者、人力资本的供给者。[1] 作为科技创新的制高点，自主创新的形式之一，原始性创新（original innovation）对于建设创新型国家、提升国际竞争力有着至关重要的作用。高校具有高水平的科技专家、丰富的青年人才资源、知识更新流动快、学术研究氛围活跃、学科门类齐全等独特优势，因此高校成为原始创新的重要主体、各国构建创新型国家的主要力量，此乃社会发展的必然趋势。[2] 推进国家综合科技实力的重要战略部署是建设具有全球影响力的科技创新中心。国际一流的高校创新体系具备一流的原始创新力、一流的人才培养体系

---

[1] 汪立超. 我国高校原始创新能力的形成机制与提升途径研究 [J]. 长江师范学院学报，2012（12）：97-100.
[2] 邢纪红，龚惠群. 高校原始创新能力评价指标体系研究：基于南京高校的实证研究 [J]. 江苏高教，2017（3）：44-47.

及科技人才储备、一流的知识创新与技术创新能力，是构建一流的科技创新中心的基础，而这些正是创新型国家建设的战略支撑力量。①

### 二、加强高校创新体系建设的国内背景

当前，我国的创新体系基本框架已经初具规模，科技创新在社会进步、经济发展中的作用日益显现。高校是培养人才、传播知识的主要场所，也是科研和技术创新的重要基地，应在建设创新型国家重大战略的指引下，充分发挥人才培养优势，培养创新型科技人才，建设创新型人才队伍，推动产学研体系构建，引领区域创新体系建设，从而提升国家创新能力，推动建设创新型国家。

#### （一）高校科技创新为我国建设创新型国家提供强大动力

2017年，党的十九大报告中强调要加强创新型国家建设，提出要瞄准世界科技前沿，加大基础研究，要打造一批世界一流科研机构、研究型大学、创新型企业及一批重大原创性科技成果。改革开放40多年来，我国高校已经成为基础研究的主力军、高新技术研发的重要力量、科技成果转化与产业化的强大生力军，同时还建成了一批高层次的科技创新基地，如国家、各行业主管部门和地方政府依托高校组建的重点实验室、网上合作研究中心、大学科技园、工程（技术）研究中心、技术转移中心，高校内部组建的理工农医等学科领域的研究院（所、中心），以及企业依托高校联合组建的研发机构。高校科技企业有清华紫光、交

---

① 陈劲，汪欢吉. 国内高校基础研究的原始性创新：多案例研究［J］. 科学学研究，2015（4）：490-497.

大昂立、东大阿尔派、复旦复华等著名的高科技企业等。① 我国高校及其创新体系已经与创新型国家建设形成了紧密关系，并且成为推进创新型国家建设的重要动力。

### （二）高校成为重大创新性成果输出源头和人才培养中心

自1978年改革开放以来，国家相继推出国家自然科学基金、"973"计划、"985"工程、"863"计划、"211"工程等政策项目，帮助高校在部分科学技术前沿领域取得了重大创新性成果，同时通过重大科技创新活动获得了一大批高精尖的实验仪器和设备，带动了高校对创新型人才的培养。②2012年，教育部、财政部共同启动实施了"高等学校创新能力提升计划"（简称"2011计划"）。其主要目的是遵循全面开放、需求导向、创新引领和深度融合的原则，积极联合国内创新力量，充分实现创新资源的有效整合，实现高校多学科、多功能优势的发挥，通过构建协同创新新机制、新模式，以"2011协同创新中心"为载体，在拔尖创新人才和取得重大标志性创新成果方面获得长足发展。③21世纪以来，创新型人才早已成为重点大学人才培养的主要目标，特别是高素质的创新型人才更是国际著名大学的人才储备对象，成为应对时代挑战的首要选择。近年来，我国高校不仅在理念上推动创新型人才培养，更是通过扩招政策，10年间积累了7 580万名大学毕业生及约563万名研究生，为国家储备了一大批科技人才。

### （三）产学研深度融合成为高校科技成果转化的重要途径

产学研结合是一种重要的技术创新模式，是推动科技、教育、经济

---

① 廖建锋. 高校科技创新基地在国家创新体系中的地位与作用[J]. 交通高教研究，2004（4）：21-24.
②③ 杨东占. 高校创新能力提升的几点认识[J]. 中国高校科技，2014（3）：13-16.

三者紧密融合的重大创新，成为科技成果转化的重要渠道，是推动经济快速发展的重要举措。产学研联盟依托其特殊的优势条件，能够帮助企业脱离创新知识短缺与技术资源匮乏的困境，缓解高校、科研院所资金短缺等难题。[①] 我国高校，特别是研究型大学自1990年以来便积极开展与产业界的合作。改革开放后中国经济建设经过40多年的快速发展，取得了令人瞩目的成就。在创新驱动经济发展的时代，中国创造是使中国经济再次腾飞的关键，产学研结合的理念已经深入人心，并在全国以各种形式普遍展开。高校是我国培养高层次创新人才的重要基地，是高技术领域原始创新和基础研究的主力军，有能力实现科技成果向现实生产力的良好转化。高校自主创新的主要优势在于理论研究，单纯的高校自主创新研究往往难以脱离重理论、轻实践的弊端，而产学研合作创新具备理论与实践相互印证、相互促进的优势，是高校自主创新的高级阶段，也是高校科技成果转化的重要途径。

---

① 王露敏，刘景东. 产学研联盟的风险评价指标体系构建研究 [J]. 产业创新研究，2019（2）：71-74.

## 第二节　高校创新体系建设的现状与问题

高校担负着知识创新、为社会培养和输送人才的使命，在21世纪知识经济浪潮中，其责任尤显重大。截至2019年，我国共有高校2 688所。这些高校不仅拥有众多科研机构、重点实验室，而且科研能力和人才优势强大，还涌现出了一大批具有应用前景的科技创新成果，研发并掌握了一批事关国家核心竞争力的关键技术，培育了一批拥有自主知识产权的高技术企业，推动了我国科技事业的发展。①尽管经过多年的发展，高校在建设创新型国家中发挥了关键性作用，但是高校在原始性创新潜力挖掘、创新基地建设、产学研融合等方面仍然存在诸多问题，阻碍着高校创新体系的进一步完善。

### 一、高校创新基地建设仍存在短板

以高校为建设主体的科技创新基地主要包括国家、各行业主管部门和地方政府依托高校组建的重点实验室、大学科技园、网上合作研究中心、技术转移中心、工程（技术）研究中心、高校内部组建的理工农医等学科领域的研究院（所、中心），以及企业依托高校联合组建的研发机构、高校科技企业等。近年来，虽然我国高校创新基地已经成为科技人员、研发活动、科研条件的聚集地和提升高校整体创新能力的"助推器"，并且初步形成高校内部化的创新服务体系。但是，目前我国高校创新基地建设仍存在一些问题。

---

① 朱炎军，宋彩萍，姜传松，等. 高校参与科创中心建设的运行框架与策略［J］. 中国高校科技，2017（1/2）：38-40.

### （一）高校创新基地建设速度加快，建设水平有待提高

高校除了培养人才和发展科学知识的职能之外，还有为社会服务的职能。高校的一切活动都应该围绕这三大职能来推进。高校创新基地是高校对接社会最紧密的地方，也是高校技术输出、创造技术效益最高的载体。但从整体上来说，我国高校创新基地与所在区域创新服务需求的对接上仍存在一些不足，在提升区域创新服务能力上还存在差距，并不能很好地适应区域产业迅猛发展的形势。具体来说，拥有高校创新基地的区域主要集中在经济发达地区，它们依靠雄厚的财力和强大的地域吸引力，以引进重点高校设立大学城、分校区、研究院等方式，建立符合本地区经济发展所需的创新基地。然而，对于经济相对落后、高校并不集中的区域，即便有创新基地，也远不能充分发挥其对本地经济发展的支撑作用。

### （二）高校创新基地建设规模增大，服务能力有待增强

随着高校创新基地建设政策的相继出台，我国高校创新基地建设成为各大高校争抢的重点项目之一，各高校也逐渐兴起了一波创新基地建设高潮。但高校创新基地大量建设也凸显出了整体规划不合理的问题。第一，校际的建设规模差距较大。个别重点大学拥有多于50个不同层次的创新基地，有的高校则仅有几个甚至没有；有的高校创新基地具备高层次、高质量的特点，而有的高校则仅仅处于中低水平。第二，区际的发展速度差距较大。北上广等东部地区成为创新基地建设的集中区域，也是重点高校的集聚地。而西部地区因缺乏重点高校及建设环境，基地数量及发展速度远不能与东部地区相比。第三，基地项目之间的基础条件差距大。以基础研究为主的创新基地能够获得更多的政策支持和国家资源的投入，具有更加完备的科研条件；而以工程化开发或成果转

化类为主的基地则更加难以获得长期稳定的支持,在发展速度和整体水平上难以与前者相比。第四,存在重复建设的问题。国家在高校科技创新基地建设上缺乏整体规划布局,导致创新基地建设服务重心结构不合理,存在重复布点、个别学科偏多、学科方向老化等问题。

### (三)高校创新基地建设特色初显,集成程度有待提高

随着"双一流"大学创建活动的开展,大学向综合性发展的趋势愈加明显,我国高校创新基地建设也已经达到一定的规模,但由于高校创新基地建设标准高,条件限制多,其整体发展并不能跟上高校整体发展速度。从高校创新基地建设的实践来看,大多是围绕高校某一优势学科及高水平技术而创建布局,其体现的是专业性,这在某种程度上限制了创新基地的发展规模,导致综合集成创新基地比较少。据统计,我国高校重点实验室平均研究人员仅为85人,而美国劳伦斯·伯克利实验室等几个国家实验室平均人数超过3 600人,我国高校创新基地与美国相关基地在科研人员种类及数量上存在很大差距,这也反映出我国高校创新基地在规模和综合集成程度上远不及国外高校创新基地。实际上我国集基础研究、工程化和产业化于一体的综合性创新基地并不多见,类似于劳伦斯·伯克利实验室这种级别的基地更是难觅踪迹。

## 二、高校原始性创新潜力亟待挖掘

中国科学院院士白春礼最早提出了原始性创新的概念,并认为提升基础研究水平的关键点是要重视和增强原始性创新能力。[1] 金吾伦认为原始性创新涉及基础研究的重大突破、高技术的根本性创新、自主设计

---

[1] 白春礼. 原始性创新基础研究之魂 [J]. 中国基础科学, 1999 (1): 8-9.

并完成重大工程项目以及重大的管理变革等方面。① 近年来，我国高校改革初见成效，改革主要以建设世界一流大学、提高高等教育质量、完善现代大学制度建设为目标。数据显示：中国从事基础研究的全时人员总量逐年增加，2019年的人员总量达26.68万人，② 中国学者发表的国际科技论文数量排名全球第二（仅次于美国），论文总被引次数连续四年位居全球第二，③ 2019年中国"高被引学者"数量达到了735人，占全球总数的11.8%，"高被引学者"数量排名全球第二。④ 但是，与庞大的高校群体及高校科技人才规模相比，高校现有的原始创新力远未达到其应有的水平，主要体现在以下几个方面。

### （一）高校创新投入和创新人才储备不足

在中国的研发活动中，高校（从事基础研究的主体）在全部研发主体中的占比呈现下降趋势，低于发达国家水平。从经费支出上来看，据国家统计局数据显示，2014年企业、政府所属研究机构、高校经费支出所占比重分别为77.3%、14.8%和6.9%。⑤ 2019年企业、政府所属研究机构、高校经费支出所占比重分别为76.48%、13.9%和8.1%。⑥ 而

---

① 金吾伦. 增进对科学的理解提升原始创新能力：谈科学家的科学素质［J］. 中国科学院院刊，2005（1）：53-56.
② 数据来源于国家统计局2019年统计数据。
③ 中国发表国际论文连续四年排名第二，2020年中国科技论文统计结果发布！［EB/OL］.（2020-12-31）［2021-06-07］. https://www.sohu.com/a/441677571_649564.
④ 科睿唯安：2019年科睿唯安"高被引科学家"名单出炉［EB/OL］.（2019-11-20）［2021-06-07］. http://www.edu.cn/rd/zui_jin_geng_xin/201911/t20191120_1694103.shtml.
⑤ 国家统计局：2014年全国科技经费投入统计公报［EB/OL］.（2015-11-23）［2019-03-12］. http://www.stats.gov.cn/tjsj/tjgb/rdpcgb/qgkjjftrtjgb/201511/t20151123_1279545.html.
⑥ 国家统计局：2019年全国科技经费投入统计公报［EB/OL］.（2020-08-27）［2021-06-07］. http://www.stats.gov.cn/tjsj/zxfb/202008/t20200827_1786198.html.

德国、韩国、日本和美国（2013年）高等院校的占比分别为17.68%、12.58%、9.05%、14.15%，远高于中国。从投入人员上来看，我国高校人才流动和激励机制存在缺陷，缺少大师级基础研究人才和高端领军人才，推动科学发展的重大科学发现匮乏，关键核心科学知识积累积淀不足。从全球顶尖科学家分布情况来看，美国占比为41.5%，英国与德国占比约13.4%，中国占比为12.1%。①综上，我国当下的产业教育还面临着基础研究水平落后、人才结构与欧美等创新强国相比差距较大、真正能够引领产业变革的原创性、原理性的突破凤毛麟角、凝练和解决科学问题能力不足、战略基础力量不足等问题。②

## （二）高校创新服务社会发展功能不明显

受宏观政策环境的影响，为争取到国家科技项目，高校的科研人员和教师把主要精力和时间花在项目申报和项目验收评估环节，导致知识创新动力不足。另外，社会上存在的学术风气不正、弄虚作假、剽窃等问题，与滞后的高校科技体制改革、不合理的科技评价指标共同导致高校知识创新内在动力的缺乏。高校管理体制与社会经济发展需要不相适应，在地方政府管理、部委管理和教育部管理的三种类型高校中，后两者的数量有100多所，其余的绝大多数为地方政府管理，与后两种类型高校相比较，此类高校的科研能力相对薄弱，难以承担区域创新体系建设和推动地方经济社会发展的重任。地方高校代表了这个地区的最高学术水平，在中小城市圈中本应发挥更大的作用，在中小企业技术创新中

---

① 世界顶尖科学家榜单出炉［EB/OL］.（2021-03-22）［2021-06-07］. https://www.360kuai.com/pc/94e014e470a5f73b0?cota=4&kuai_so=1&tj_url=so_rec&sign=360_57c3bbd1&refer_scene=so_1.
② 黄月，夏劲. 关于增强高校科技创新竞争力的管理机制研究［J］. 党史博采（理论），2017（2）：63-64.

应发挥自身优势、有所作为,但是由于一些现实因素的影响,部分地方政府不看好本地区的高校,舍近求远。长此以往,导致地方高校发展与当地区域创新体系建设背离,形成恶性循环。①

### (三)高校创新管理的制度环境有待优化

首先,高校尚未形成完善的科研管理体制。对科研处室缺少明确的职责划分,往往导致工作中出现责任不清、效率低下等混乱状况;此外,科研资源配置缺少合理性,常常出现部分科研项目的研究资源丰富,而部分项目资源短缺的现状。另外在评价和转化科研成果方面也存在透明度低、及时性不足等问题。其次,高校人事管理制度缺少针对性。在选拔人才方面科学性不足,偏重于选拔人才的科研成果数量,忽视或者并未充分重视其研究质量。科研人员利益分配上也存在诸多不合理的地方,如利益分配在参与科学研究的科研带头人与普通工作人员之间存在较大差异,合作交流程度偏低。再次,高校科技协同创新机制不完善。科研人员普遍存在各自为政的现象,而科研人员的水平存在一定差异性,有效的管理以及密切的合作交流的缺失增加了高校科研工作的难度,影响了科研工作的质量与效率。最后,高校缺少创新文化氛围。虽然我国高校在近几年逐渐加大了对科研人员的支持力度,但就整体而言其科研环境仍然不容乐观,许多科研人员缺乏将科学研究做大做强的雄心壮志,一旦在研究中遇到困难便容易心生退意,同时高校自身也缺乏创新氛围,并未给高校科研人员创造良好的研究氛围。②

---

① 杨东占. 高校创新能力提升的几点认识[J]. 中国高校科技,2014(3):13-16.
② 黄月,夏劲. 关于增强高校科技创新竞争力的管理机制研究[J]. 党史博采(理论),2017(2):63-64.

### 三、产学研融合程度仍需提高

产学研合作在我国经历了长期的发展历程，但是由于产学研协同创新是异质主体之间跨界合作模式的一种，受到主体异质性差异的制约，高校、企业、科研院所分属于不同的界域，且长期处于相互分离状态，彼此之间形成了截然不同的组织文化、资源能力和价值观体系。受此影响，产学研深度融合方面就出现了产学研主体定位不准确、产学研合作机制不完善、产学研政策环境需要进一步优化等问题。

#### （一）产学研主体定位不够准确

产学研创新体系体现了科技与经济的深度融合，强调企业、高校、科研机构的高度协同，既存在各主体之间的相互依存，也存在相互博弈，各主体的功能与定位不尽相同。随着科技的发展及产学研体系自身的完善，主体在体系中的定位及重要程度正发生变化。产学研创新体系经历过政产学研、政产学研用、产学研用等阶段或者提法，但是各种提法的出发点和角度不一样，也导致了体系主体的不尽相同。但不管站在何种角度进行研究，产学研三方都是绝对的主体，拥有绝对的主体地位。在现有的产学研创新体系中，对各主体之间的主次之分很难取得一致的看法，形势的发展对于主体作用发挥将产生重大影响，部分主体存在自我定位不清晰不准确的问题。一是政府越位。不可否认，在产学研刚刚兴起之时，政府在体系建设过程中发挥了巨大的作用，甚至可以说是主导作用，惯性思维导致有些体系中出现了政府过度干涉等越位现象。实际上，随着市场的成熟及法治化进程的推进，政府的角色应逐渐从主导者向引导者和服务者的角色转变。二是企业抢位。在产学研体系中，企业具有至关重要的作用，企业既可以是科研的协助者、产品的生产者，还可能是产品的使用者，这种情况就导致部分企业以主宰者自居，忽视高校等其他主体的利益，抢占其他主体的作用发挥空间。三是高校失位。高校是创新和研发主体，处于产学研体系链的前端，但现实中，仍有不少高校热衷于产品生产，试图在创新体系链的各个环节发挥作用、占据位置，这样既使得自己失去了原有创新研发主体地位，也侵占了企业及其他主体的利益，影响了创新体系的整体效能。

### （二）产学研合作机制尚需完善

产学研合作体系顺畅运行的纽带就是产学研构建的合作机制，主要包括合作选择制度、投融资制度、评价制度、激励制度、共享制度、人才交流制度、利益分配制度等。完善的产学研合作机制是引导和推动产学研合作、促进科技成果转化、保护知识产权的必要条件，也是维护合作方利益、维持各方长期稳定合作关系、实现多方共赢局面的压舱石。从产学研的实践来看，其合作体制机制还需要进一步完善。其一，利益分配制度不够成熟，直接影响产学研合作。利益分配是产学研合作关键而又敏感的环节。对现有产学研合作受阻案例进行分析，约有50%的案例是因为利益分配不均产生的。如果利益分配不均衡，不能与投入相对应，必然导致产学研参与主体对利益期待降低，从而打消主体进一步合作的意愿和动力，不利于合作关系的维持与稳定。其二，产学研合作机制调整不及时，不能适应形势的变化。产学研合作机制涉及众多方面，内容广泛而深入。随着产学研合作形势的不断变化，合作内容和方式也将随之变化，合作机制就必须应时而变，顺应形势变化。但从实践来看，有些产学研合作机制仍然存在一成不变的情况，不能很好地促进合作，还有的甚至因为合作机制调整不及时阻碍了合作。

### （三）产学研政策环境有待优化

如今，随着产学研合作领域的不断深化发展，以政府为主导的产学研合作模式逐渐被淘汰。虽然政府在很大程度上不再作为合作体系的一方主体，而是向引导者和扶持者的角色转变，但是并不意味着政府在合作体系中的作用下降了。相反，因为产学研合作的政策环境直接影响到产学研合作的效率，由政府营造的政策环境在产学研合作中的作用更加明显、意义更加重大。自2012年实施高校创新能力提升计划以来，政府出台了一系列政策、文件来支撑和推动产学研协作创新。但具体而言，产学研的政策环境仍然存在完善的空间，仍然缺乏具体的配套实施细则、协调监督机制和良性循环机制。其一，直接规定产学研合作的主要法律有《中华人民共和国科学技术进步法》《中华人民共和国技术合同法》《中华人民共和国专利法》《中华人民共和国商标法》《中华人民共和国促进科技成果转化法》，但这些法规还缺乏系统性，且不够完整，监督机制存在漏洞。其二，围绕知识产权及其纠纷解决而建立起来的政策法规体系尚不完善。其三，与产学研有关的人员引进和培养、各方人员薪酬待遇、科技成果共享和转化、科研生产设备归属等缺乏完善的配套政策引导和支持。

## 第三节 加强高校创新体系建设的动向与策略

知识经济的灵魂是创新，创新的关键是人才，人才的成长靠教育，高水平的研究型大学不仅培养高层次的人才，也为国家原始性创新和高新技术创新提供源源不竭的动力支持。当今教育战线的重要议题是如何提升高等院校知识创新能力，培养高素质知识创新人才，从而完善国家创新体系建设，提高国家的创新能力，顺应世界科技发展潮流。[1] 高校创新体系是一项系统、综合、全面的工程，需进行全方位、多角度的建设。

### 一、建设国际一流的高校科技创新基地

高水平研究型大学的重要标志之一是一流的高校创新基地。在《中国教育现代化2035》明确的目标指引下，国家要求按照统一规划和布局，在高校建设一流的国家科技创新基地，建成一批在国际上有重要学术影响的研究机构，使其成为建设创新型国家的战略支撑力量。

#### （一）完善高校创新基地运行管理机制

高校创新基地的运行管理需要建立起一整套科学合理的制度机制，通过机制来保持基地运行的顺畅和高效，通过机制来保障和维持基地运行的稳定性和长期性。运行管理机制应该与高校创新基地的目标相一致，必须是科学、合理、高效的系统性机制，形成较为稳定的组织管理模式。从内容上来说，必须着重建立基地全过程管理体系，内容涵盖决

---

[1] 陈劲，伍蓓，张平，等. 高校创新体系建设的初步研究［J］. 高等工程教育研究，2006（6）：11-16.

策、监督、评估、考核和退出机制；必须着重建立起基地监督管理体系，内容涵盖用户评价监督、服务登记、跟踪和反馈机制等。从目标上来说，必须着重建立开放式的运行管理机制，就是要在运行上贯彻开放的理念，基地创新资源共享开放；必须着重建立起流动式运行管理机制，就是要实现基地创新人员的交流互动；必须着重建立起集成性运行机制，通过基地间、学校间、国家间的资源集成，提高基地的综合性；必须着重建立起竞争性的运行机制，就是要在国家投入的种子基金的基础上，通过实验室内部固定和竞争上岗、竞争重大课题等，实现项目、基地建设及人才培养的良性循环。

### （二）完善高校创新基地建设激励机制

高校创新基地建设除了要投入人力、物力、财力之外，更需要在此基础上调动建设人员的积极性和建设主体的积极性，因为人才是各项工作的执行者和推动者。没有人的参与，基地建设无从谈起；有人参与但不积极，基地的发展就无从谈起。行为学理论认为：未受到激励的人，仅能发挥其能力的20%—30%；受到充分激励的人，能够发挥80%—90%的能力。所以，完善创新基地建设的激励机制是充分调动人员及各方主体积极性、加快基地建设的关键举措。从目标上来说，高效的激励机制有利于发挥高校的科研优势，有利于学科交叉、人才培养及资源开放共享，有利于提高基地人员创新积极性，有利于培养和集聚一批优秀的科研人才，有利于科研成果的转移和转化。从内容上来说，高效的激励机制必须在完善的人事聘用制度的基础上，强化绩效评价、产权激励、利益分配激励、人才培养激励、科研创新激励，形成一套综合性的激励机制。从具体操作上来说，其一是从物质及保障资源上给予获得国家各类大奖的基地科研团队、学术带头人及优秀科研人才重要奖励，其二是从股权分配上给予在创新创业方面做出突出贡献的科研人才和管理人员以股权奖励，其三是建立健全集发明、技术专利、科技成果转化、知识产权保护、论文等于一体的考核指标体系。

（三）建立高校创新基地联动管理机制

加快推进高校创新基地建设，首先必须按照高校科技创新基地总体布局，充分发挥国家、部门、地方各自优势，充分考虑产业行业和区域需求，建立国家、部门、高校创新基地联动机制。建立高校创新基地联动机制也是深化高校创新基地发展，提高高校创新基地建设效率的关键环节。其一，加强国家对部门、高校创新基地的指导和支持，推动部门和高校所在区域组织开展符合产业行业特色的高校创新基地建设，实现部门、地方科技创新基地与高校创新基地的协同发展，促进资源开放共享和信息的互联互通，提升产业行业和区域创新保障能力。其二，推动科学数据、实验材料等科技资源的整合，建设和完善共享服务平台，实现与国家共享服务平台的协同发展。其三，建立联席会议制度，通过高层次的联席会议对高校创新基地建设过程中遇到的问题进行统筹协调，发挥基地建设主体协同创新的优势。

（四）完善人才培养及合作交流机制

高校创新基地是高校学科发展、人才培养、项目实施的重要载体，人才培养又是高校创新基地建设和项目实施的主导，所以必须完善人才培养机制。其一，建立符合高校科技创新基地特点的人员分类考核、评价和激励政策，借鉴国际化的学术评价和人才评聘模式，吸纳国际高水平、高层次创新领军人才，培养具有国际视野和突出创新能力的科学家，稳定一批科技资源共享服务平台的专业咨询与技术服务人才，为高校科技创新基地提供各类人才支撑。其二，科研创新的必要环节是建立跨学科的全面型人才流动机制，实现不同学科间人才的优势互补，不断引进必要的专业人才，保持科研人才队伍新鲜活力。其三，健全开放合作交流机制，进一步提升人才培养水平。在平等、互利、共赢的基础上，积极推进国际科技合作，积极开拓和吸纳国外科技资源为我所用，积极参与国际组织，争取话语权并发挥重要作用。深化与国际一流机构的交流与合作，打造开展国际合作与交流、聚集一流学者和培养拔尖创新人才的重要平台和具有重要影响的国际科技创新基地。

## 二、全面提升高校原始创新能力水平

加速释放基础研究的活力成为国家推动创新的重点，国家相继发布《关于实行以增加知识价值为导向分配政策的若干意见》《关于优化学术环境的指导意见》《统筹推进世界一流大学和一流学科建设总体方案》等文件，有效地为基础研究持续发展注入新动能，以激励科学工作者从事基础研究、专心于基础研究、奉献于基础研究，不断提高中国的基础研究水平，以取得原创性的科学成果，推动技术创新能力和应用性技术不断取得突破，引领中国制造向中高端迈进。[①] 原始性创新的产生需要与之相适应的创新土壤，当前我国原始性创新能力的提高受经济发展水平、科研体制和人才状况等诸多因素的制约，提升原始性创新能力需克服诸多不利因素，坚持发展方向，努力营造和培育创新环境和土壤。

### （一）发挥科技创新人才优势，壮大科技人才队伍

提高高校原始创新能力，首先必须提升科技人才的创新力，尤其是

---

① 樊增强. 基础研究与技术创新能力提升 [J/OL]. 东北师大学报（哲学社会科学版）：1-15（2018-12-25）[2019-03-18]. http://kns.cnki.net/kcms/detail/22.1062.c.20181225.1449.002.html.

提升科技领军人才与青年创新人才的创新力。因为他们具有灵活的思维、不畏权威、不受束缚的特点，是原始性创新的生力军，是直接关系到科学原创能否持续发展的重要力量，新思想、新方法、新理论和新技术易产生在这些群体之中。① 因此，其一，要开展科研人员业务素质和专业知识培训，根据科研队伍总体科研能力的现实状况和学科建设的需要，结合科研人员个人培训意向进行培训需求分析，做好科研人才的培训工作。其二，组织开展学术讲座，将知名学术带头人、专家学者、顶尖科研人员、政府智囊团等人员邀请至学校讲课，把他们的学术思想和先进理念传播给其他科研人才。其三，加强学术交流与合作，实行"走出去"和"引进来"的战略，选拔国内优秀的科研人员参与国外高层次的科研活动，开展学术访问活动，邀请国外的知名学者和科研人员来国内参加学术交流活动，促进国内外学者和技术人员进行技术更新和知识积累。

### （二）发挥基础研究主力军作用，提高资源创新能力

基础研究是高新技术发展的重要源泉，是创新人才培养的温床，是经济发展的强大后盾和先进文化建设的重要基础。要提升高校原始创新能力，就必须充分发挥高校学科人才优势和基础研究主力军作用，瞄准世界科技前沿，加强基础研究。其一，有效释放基础研究的活力和动力。要大力营造宽松的基础研究环境，国家层面要不断完善对科研机构、高等院校与科学家长期稳定的支持机制；实实在在落实法人单位和科研人员的经费使用自主权，把"人"真正放在核心位置，开展让经费服务于人的创造性活动；基于基础研究的本质特征完善科学的评价机

---

① 汪立超. 我国高校原始创新能力的形成机制与提升途径研究［J］. 长江师范学院学报，2012（12）：97–100.

制，对不同的科学研究机构要分类评价。其二，弘扬科学精神、荡涤学术风气，强化科研诚信机制建设，从源头上坚决遏制学术不端行为。其三，建立鼓励创新和宽容失败的容错机制，使得科学家愿意坐冷板凳，沉浸于基础研究中，进行自由探索和自主创新。①

### （三）加大国家创新经费投入力度，强化创新资金保障

经费投入一直都是高校进行原始创新的重要保障，高校原始创新潜能的开发和高水平原创成果的产出在很大程度上受经费投入的制约。拓展多种经费投入渠道，为原始创新能力的提升提供资金保障。政府要加大对高校在原始创新初始阶段、产出阶段的资金投入力度，鼓励高校积极开展基础性和前沿性的科学研究工作，提高创新能力；加大政府对高校的财政拨款力度，将资金专门用于高校科研设备及技术的更新升级，提高高校科技成果转化成功率，激励高校不断进行原始创新。高校也要增强资金自筹能力，适当地引入社会风险投资、科技基金会投资、大型企业赞助等，增加高校对原始创新的资金支持。积极争取企业对高校原始创新的投入，高校针对其感兴趣的项目进行合作，基础研究产业化，走产学研合作道路。另外，高校要对科研人员的经费进行合理配置，促使科研人员的创新才能与研发经费最佳结合，最大程度发挥其创新潜能。②

### （四）加强原始科技创新文化建设，营造科技创新氛围

其一，评价环节。构建客观、公平、公正的科研评价工作机制，坚

---

① 樊增强. 基础研究与技术创新能力提升［J/OL］. 东北师大学报（哲学社会科学版）：1-15（2018-12-25）［2019-03-18］. http://kns.cnki.net/kcms/detail/22.1062.c.20181225.1449.002.html.

② 汪立超. 我国高校原始创新能力的形成机制与提升途径研究［J］. 长江师范学院学报，2012（12）：97-100.

持采用定性与定量相结合的评价制度。设置科学合理的评价标准，对科研成果的学术价值、科研活动创造的经济效益、行业的评价进行综合考虑，整合优化各种科技资源，激发科研人员对科技创新的激情和活力，进一步提升原始创新能力，促进科研事业的发展。其二，学术合作。鼓励不同学科、不同流派和不同学术思想之间的交叉渗透，营造不同创新思想相互渗透的开放包容的学术氛围；坚持学术自由，反对墨守成规、因循守旧，营造有利于学术争鸣的氛围。其三，学术交流。鼓励不同领域的创新个体交流、讨论、启发、共鸣，激发创新的动力，形成一种有利于学术创新的整体环境，提升原始性创新的成效。其四，团队建设。在加强科研队伍整体建设的基础上，加大科研队伍的团队建设，打造具有特色的团队文化，培养和营造科研人员之间"相互信任、相互尊重、相互扶持"的科研团队氛围。

### 三、全力推动高校产学研深度融合

协同创新是创新要素的全面协同，是一种新的创新理念和模式，它给产学研合作带来了新的发展机遇，为产学研合作绩效的提升开辟了有效的新路径。探索构建产学研深度融合的协同创新联盟，就是要依托一流大学、科研院所和高新技术企业，探索构建产学研深度融合的网络化、全链条、开放式协同创新联盟，推动我国高水平高校密集地区成为全球重要的创新中心。

#### （一）建立健全产学研协同创新利益机制

产学研协同效率取决于产学研主体间的利益分配，产学研主体间的利益分配又依赖于预先构建起的整体性利益机制，这是维持利益分配的重要依据和运行准则。产学研协同创新利益机制必须以降低交易成本为出发点，以深化产学研各方的融合为目标，不断调整、优化利益机制，推动产学研创新取得新进展。其一，要完善利益融合机制，以利益融合为目标，通过制度性安排，把产学研各方融合为一个利益高度交融的共同体。产学研主体就是要强化"收益共享、优势互补、互利互惠、共同发展"的协同理念，增强各方利益聚焦点和融合性，进一步构建高效的利益融合机制。其二，要完善利益分配机制，进一步厘清产权关系和降低交易成本。通过政策、法律、制度性设计，明晰产学研各方的产权，确保科研人员对科技成果的产权与收益权，激励产学研各方在协同创新中的积极性。通过财政性补贴弥合利益分配时出现的间隙，刺激产学研在现实需要的领域进行协同创新。其三，要完善利益协商机制，化解产学研各方在利益分配时产生的纠纷。通过第三方介入产学研合作过程，从事专业咨询、风险评估，以第三方的公正性化解利益纠纷。其四，要完善利益保障机制，采取防范化解风险措施，确保产学研各方的利益。通过政策性保障措施，明确各类风险发生时的权益责任。

## （二）建立健全产学研成效科学评价机制

对产学研合作做出科学评价对于明晰产学研合作主体地位、调整产学研发展战略、明确产学研发展方向、推动产学研合作向前发展具有重要意义。当然，这种评价必须是全面、科学、合理的评价，也应该是综合性、立体型的评价。其一，构建产学研主体资源投入评价机制。根据产学研各方主体的投入资源性质设定评价指标，通过评价得出合作各方是否具备合作的条件，是否能在合作中发挥出各自的优势。比如，就高校及科研院所的科研人力资源、科研设备资源进行评价，对企业方的资金、设备、场所进行评价，对科研院所已有科研成果进行评价。其二，构建产学研合作过程评价。通过对过程的评价，提高合作过程最大化产出效率。比如，对资源利用、合作项目推进、技术合作及共建、互动交流及各方参与领导等情况进行评价。其三，构建产学研成果产出评价机制。通过对合作的科技成果、合作经济效益、科研项目获奖及人才培养集聚情况进行评价，反映出产学研科技创新、财富创造、技术输出及技术人才生产情况，最终反映出产学研投入与合作过程效果。[①]

### （三）建立健全产学研创新主体激励机制

通过各种方式和途径对产学研全链条、全主体进行激励，有利于提高产学研各方参与合作的积极性，进一步促进产学研合作效能的提升。其一，构建产学研协同创新引导机制。由政府出台相应的资助与优惠政策，对企业尤其是中小企业与高校和科研机构的合作以及产业共性关键技术的研发提供税收减免、经费资助、人才支持、融资优惠。其二，构建产学研主体协同创新的内在动力机制。加强产学研合作的相关立法工作，明确界定合作各方的权责、知识产权的归属、专利许可等，妥善解决合作中的利益分配和风险分担问题。其三，构建产学研主体激励机制。在质量工程建设、人才培养、重点学科和学位点申报、人力资源分配等方面进行优化升级。特别是注重技术创新激励，在产学研协同创新体系中给予全链条全方位的激励，通过物质奖励的方式提高企业职工的创新积极性，通过职称和工资待遇来激励高校和科研院所科研人员的创新积极性。

### （四）构建产学研联盟信息综合服务平台

构建区域性甚至是全国性的产学研联盟信息综合服务平台对于打破组织壁垒、促进长期稳定战略合作关系的建立、加强科技信息的流通和

---

① 饶燕婷."产学研"协同创新的内涵、要求与政策构想［J］. 高教探索，2012（4）：29-32.

推动科技成果的转化有着重要的作用，能够为产学研协同创新提供组织保障。建立区域或全国的网络信息平台，有利于匹配产学研联盟组建及运行过程中的供给与需求，降低潜在成员在搜寻合作伙伴时的信息不对称以及由此所付出的时间成本。产学研联盟网络信息平台的作用具有双向性，在产学研系统内部实现信息成本的降低，对外可向社会公众公开产学研联盟的信息，实现社会对产学研联盟的实时监督，一定程度上对产学研联盟各成员行为进行约束，形成联盟组建和运行中的积极有效反馈机制，最终减少和降低联盟组建及运行过程中的摩擦与成本。[①] 构建产学研联盟信息综合服务平台，要求科研机构、高校必须与企业合作才能共同申请一些项目资助，或者设立各种奖励基金、种子基金、匹配基金、风险基金来推动产学研合作联盟的建立，充分发挥政府科技资金的引导作用。

---

① 蒋伏心，胡潇，白俊红. 产学研联盟的形成路径与稳定性研究 [J]. 上海经济研究，2014（8）：57-66.

# 第七章　提高高校哲学社会科学研究水平

当今世界经济全球化和政治多极化发展迅猛，全球价值链处于重塑阶段，全球经济社会和自然社会发展问题的解决呼唤全球治理，这都将依赖于哲学社会科学的繁荣与发展。新中国成立70多年来，党和政府一直重视高校哲学社会科学研究水平的提升与智库的重要作用，相继出台了一系列政策文件和重要举措，对提高高校哲学社会科学研究水平、建设中国特色新型智库等都做出了重要指示和系列部署。我国高等教育哲学社会科学建设在理论创新、学科体系建设、人才培养层次与规模、社会服务、国际交流与合作等方面都取得了显著成效，但智库建设的总体水平、专业化和国际化水平不高等问题依然存在，哲学社会科学培养体系建设和人才队伍建设急需加强。在新发展格局下，进一步提高高等学校哲学社会科学研究水平，需以《中国教育现代化2035》为指引，坚持马克思主义，扎根中国、放眼国际，形成具有中国特色、中国风格、中国气派的哲学社会科学体系、学术体系、话语体系；构建更加完善的高校哲学社会科学研究创新平台体系，形成一批具有中国化、特色化、国际化、专业化的有影响力的高端智库。

# 第一节　提高高校哲学社会科学
## 研究水平的形势与背景

面向2035年，我国高校哲学社会科学研究面临严峻国际形势与复杂国内背景的双重挑战，同时还面临社会思想观念与价值取向多元化的挑战、经济社会发展新形势的挑战。显然，当前经济社会的发展需要教育领域深化改革，世界文化交锋迫切需要增强软实力。

### 一、提高高校哲学社会科学研究水平的国际形势

哲学社会科学的繁荣与发展，是重塑全球价值链、解决全球经济社会和自然社会发展问题的重要基础，[1]着力建设和发展智库以支撑国际社会和政府部门科学决策已经成为世界各国的共识。

#### （一）世界格局的转变带来全球价值链的重塑

冷战结束后，世界进入美国称霸的单极世界，然而威胁世界和平安全的传统危机诸如核扩散、地区霸权主义等，不仅没有消失，反而在非传统危机领域诸如恐怖主义、网络安全等方面又有所增加。美国将中、俄作为主要的战略对手，通过欧洲大西洋同盟和太平洋地区同盟进行遏制。面对世界局部冲突与危机的增多，各国保守主义势力有所抬头，英国脱欧、美国驱逐非法移民等事件屡有发生。改革开放40多年来，中

---

[1] 知识可以划分为自然知识、社会知识、人文知识，分别以这三种知识的认知为对象的科学叫作自然科学、社会科学和人文科学。人文社会科学或者哲学社会科学包括人文科学与社会科学。哲学社会科学是我国学术管理部门使用的概念，而人文社会科学则是现代科学共同体使用的学术概念，本章将二者作统一概念使用。

国经济社会发展迅猛，在国际社会上的作用也日益凸显，逐步发展成为影响世界格局的重要力量，这也引起了国际社会关注。尤其是近年以来，美国与中国的贸易摩擦逐渐升级为"中美贸易战"，"中国威胁论"的国际舆论甚嚣尘上。随着中国成为世界第二大经济体，日本也着手打造日美印澳价值观联盟，通过改变和掌控国际关系规则来约束中国，甚至有意在全球范围内发动针对中国的国际舆论战。欧洲国家与中国努力建立合作发展的友好关系，但其区域内发展也波诡云谲，随着英国脱欧，欧洲经济社会一体化进程的规则和秩序也备受冲击，区域治理格局也将会被重构。2020年全球范围内暴发的新冠肺炎疫情激化了原本紧张的国际形势，也加速了世界格局重构的发展趋势。中国在世界格局重构和全球治理体系中发挥怎样的作用、如何发挥作用，是中国高校哲学社会科学发展要研究的重要课题。

（二）全球发展难题的解决依赖哲学社会科学

在构建人类命运共同体背景下探索解决全球发展中的人类命运难题，是中国高校哲学社会科学所要面对的重要国际形势。经济全球化的发展越来越呼唤全球治理，单凭自然科学难以解决人类面临的所有发展难题，因此需要哲学社会科学发挥独有的功能与价值。自然科学与哲学社会科学的研究对象、研究方法、研究立场不同，因此其功能也不相同。自然科学在促进人类社会快速发展的同时也带来相应的社会问题，例如：核技术的发展造福人类的同时也给人类自身的安全、自然环境的改变、国际冲突与国际关系带来威胁；生命科学的进步延长了人的寿命，提高人们的生活质量，但是克隆技术、基因编码等问题的研究也给人类社会的伦理基础带来挑战；人工智能技术的发展对各个领域都带来发展机遇，但是也在冲击着人类社会存在的本质；新冠肺炎疫情的暴发不仅给自然科学领域带来挑战，更在很大程度上改变了人类社会的治理模式；等等。这些问题的解决都将有赖于哲学社会科学的发展，通过多学科视角来认识自然现象对社会的影响，从而提供解决方案。国际社会对此已有普遍共识，例如：欧盟提出将加大对人文社会科学研究的资金支持，尤其是对健康、食品安全、能源等对人类生存与发展息息相关的普遍命题加强研究[①]；美国通过加强跨学科建设的方法推进哲学社会科学发展，高校纷纷成立跨学科的研究机构或中心，或者以项目的形式进行跨学科研究，通过问题导向和学科导向相结合的研究路径，既发展本学科的基础研究，又发挥出协同研究的作用，从而稳定自身的学术地位，促进持续发展。[②]

（三）发展智库支撑科学决策是世界性的共识

从世界范围来看，发展智库并依靠智库提高政府决策水平是世界共识。在世界大国的崛起、世界各国竞争力的提高、国家治理体系与治理能力现代化的过程中，智库在一定程度上发挥着重要的推动作用，主要发达国家的现代化进程有赖于智库重要作用的发挥。近年来，政府决策对智库尤其是政府附属性智库的依赖加深，智库对政府的政策启动、制定、执行、评估等起到重要的支撑作用。国际知名智库通过对国际问题和全球化挑战提出解决方案，为世界各国的经济社会发展提供发展报告等方式，成为引领和影响社会舆论的思想武器。[③]以美国为例，美国高校智库对政府决策起到重要支撑作用，例如：斯坦福大学胡佛研究所，

---

① 杨敏. 欧洲发展不可忽略人文社会科学 [N]. 中国社会科学报，2013-05-20 (A04).
② 梁显平. 美国繁荣高校哲学社会科学的理念和举措 [J]. 大学（研究版），2018（2）: 77-83；76.
③ 张志强，苏娜. 国际智库发展趋势特点与我国新型智库建设 [J]. 智库理论与实践，2016（1）: 9-23.

在里根总统时期，对政府的政治决策产生了很大影响力；加州大学美国-墨西哥研究中心长期从多学科角度研究美国与墨西哥之间的关系，为政府处理这方面的问题提供研究报告。[①]智库的国际化水平也决定了其在世界范围内的影响力，以及本国思想观念、价值体系、理论体系等在全球哲学社会科学中的话语权和影响力。顺应国际智库发展的态势，为党和国家科学决策提供智力支持、扩大本国思想观念、价值体系、理论体系在世界范围内的影响力是中国智库发展面临的重要国际形势。

## 二、提高高校哲学社会科学研究水平的国内背景

新中国成立 70 多年来，尤其是党的十八大以来，党和政府高度重视我国高校哲学社会科学研究水平的提升与智库的重要作用，相继出台了一系列政策文件和重要举措，对进一步提高高校哲学社会科学研究水平、建设中国特色新型智库做出了重要的指示和系列部署。在新时代背景下，进一步繁荣和发展高校哲学社会科学、打造中国特色新型高校智库，具有极为重要的价值和意义。

### （一）培根铸魂，直面价值多元化挑战

哲学社会科学对个体的价值观具有重要的塑造作用，塑造精神、传承知识、涵养文化，有助于个体价值观的形成。哲学社会科学包含的领域比较广泛，包括哲学、历史、文学、法学、社会学等，哲学社会科学不仅传递知识，而且也传承人类文化、价值观和思想，因此具有不可替

---

① 梁显平. 美国繁荣高校哲学社会科学的理念和举措［J］. 大学（研究版），2018（2）：77-83；76.

代的育人功能。① 当前，我国高校哲学社会科学承担重要的价值引领功能，尤其是在全球化、国际化、信息化的背景下，多元思想观念和价值体系对个体的影响相比于过去更加具有渗透性，自媒体时代社会价值与信息会通过网络媒介瞬间传播至全体网民，负面的信息、思想、价值观点影响力和辐射力也很大。而与此同时，社会大众对主流意识形态的传播与渗透有一定的抵触与防备心理。在新时代背景下，弘扬中华优秀传统文化，巩固马克思主义的指导地位，树立社会主义核心价值观，固守全民的思想基础和价值基础，迫切需要高校哲学社会科学发挥为国家、为民族、为社会"培根铸魂"的根本作用，这是新时代高校哲学社会科学必须承担的重要使命。

### （二）解决问题，应对社会发展新形势

哲学社会科学相对于社会而言，其重要的功能与价值体现在认识问题和解决问题，在各种不确定因素的影响和发展的多元取向中，提供进行各种选择的价值标准和判断依据。② 也就是说，哲学社会科学的价值在于它的问题意识：提出问题、分析问题、阐释问题、解决问题。哲学社会科学的创新必定来自新的问题和对真实问题的新阐释。当前，各国哲学社会科学与经济社会发展的关系日益紧密，国家与地方政府都日益将社会政策、发展规划的制订等建立在哲学社会科学研究成果之上，知识具有了立法或者仲裁的功能。③ 如今，我国经济社会发展面临很多新的问题，比如：在新兴信息技术变革和产业革命升级的背景下，如何面对国家、地方、行业发展的机遇与挑战；如何在建设现代化经济体系的

---

① 韩震. 充分发挥高校哲学社会科学育人功能 [J]. 中国高等教育，2015（3/4）：41-43.
②③ 谢维和. 论哲学社会科学教育的社会功能 [J]. 教育研究，2002（7）：3-7.

过程中，深化供给侧结构性改革，依赖科学技术实现产业结构升级；如何面对多元利益群体的社会需求的冲突与博弈，解决主要社会矛盾，促进社会实现更大程度上的公平与正义；等等。解决这些难题，需要高校哲学社会科学发挥其咨政功能，提供解决方案。

### （三）传承文明，增强中国国际话语权

哲学社会科学对人类社会而言具有一种传承功能，是对人类社会秩序和规则的基因密码进行传递。生物界的秩序和规则作为一种遗传基因实现代际传递，比如：蚂蚁和蜜蜂的社会结构稳定而又灵活，其社会秩序是保存在其基因密码中的，作为一种生物学存在的代际传递；人类的代际传递则主要通过学习和社会化等方式进行，哲学社会科学作为对人类自身、人与人之间社会关系、社会规则的认识，对人类的主要功能就是作为一种"基因密码"实现代际传递。哲学社会科学研究的任何一个领域，都有必要从知识谱系的角度入手梳理和传承，这是对人类的责任与贡献。虽然当前我国哲学社会科学在不断地学习西方理论基础和研究范式，但更重要的是面向中国传统文化，寻找和传承我们独特的"基因密码"，构建中国特色哲学社会科学体系，绵延数千年而未中断过的中华文明，这是事关中华文明基因传承的大事，是每一代中国人义不容辞的责任和使命。同时，这种基因传承功能还体现在当下的经验总结与理论升华之中，高校哲学社会科学应扎根于中国实践、解决中国问题、总结中国经验，将这些基于中国经验建构的知识体系上升为理论体系，这既会对中国经济社会发展发挥直接的支撑作用，也会为世界哲学社会科学体系增砖添瓦。

### （四）科学决策，服务治国理政新使命

高校哲学社会科学的重要功能与价值之一是组织的合法化功能。

哲学社会科学依托高校和科研机构的形成、运行和延续，以其特有的论说形式为国家组织进行合法性的解释和辩护，同时国家组织、政党组织、高校组织等各种社会组织的研究也是高校哲学社会科学的重要研究对象。当前，高校哲学社会科学对组织的合法性功能的研究聚焦在对治理体系与治理能力现代化方面的重要价值和意义方面，既要研究世界经济、世界政治、国际各种组织的规则和章程，[①]又要研究中国社会组织结构的变迁及其独特性内涵，还要研究作为执政党的中国共产党的组织独特性，尤其是在新时代背景下如何提升执政党的话语权力和执政水平，这些都迫切需要高校哲学社会科学发挥重要的作用与价值。

### （五）打造智库，提升国家竞争软实力

党和国家历来重视决策咨询工作，决策咨询制度是党和国家决策的优良传统，重大意见征集制度是人大和政协会议的重要环节。改革开放以来，我国快速发展的智库为党和国家的科学决策提供了重要的依据。当前，国际政治格局演变和国内外经济社会问题的复杂性与系统性凸显，高校哲学社会科学需要提供"求真"的问题答案，更需要智库发挥"求用"的作用，为党和政府的科学决策提供直接的支撑。十八大以来，党和国家更加重视中国特色新型智库建设，加大了对智库建设的投入力度，加强对重大问题的决策咨询。全面建成小康社会，破解经济社会发展难题，推进国家治理体系与治理能力现代化，建设中国特色社会主义，构建人类命运共同体的国际治理体系，都必须切实加强中国特色新型智库建设，发挥高校智库学术影响力优势，

---

① 陈先达. 哲学社会科学的作用和学者的责任 [J]. 中国社会科学，2004（4）：4-12；205.

提升国家竞争软实力。

十三届全国人大四次会议表决通过了《中华人民共和国国民经济和社会发展第十四个五年规划和2035年远景目标纲要》，纲要将发展中国特色哲学社会科学作为重要任务，提出要构建中国特色哲学社会科学学科体系、学术体系和话语体系，深入实施哲学社会科学创新工程，加强中国特色新型智库建设，这为今后的中国特色哲学社会科学指明了发展方向。

# 第二节　提高高校哲学社会科学研究水平的现状与问题

新中国成立70多年来，我国高校哲学社会科学建设成效显著，但面对机遇与挑战，高校哲学社会科学体系建设还有待加强；中国特色新型智库建设取得了初步成效，形成了不同类型的智库多元发展的新格局，但智库的国际化、专业化水平不高，优势有待进一步发挥。

## 一、高校哲学社会科学建设成效显著，总体水平有待提高

新中国成立70多年来特别是十八大以来，我国高校哲学社会科学建设逐步发展，尤其是以马克思主义为指导，以中国特色社会主义理论体系构建为核心，在理论创新、学科体系建设、人才培养层次与规模、社会服务、国际交流与合作等方面取得显著成效。但是，哲学社会科学体系建设、培养体系还有待进一步完善，哲学社会科学研究的人才队伍整体素质和高层次人才的数量依然有待提高。

### （一）高校哲学社会科学总体水平有待提高

高校哲学社会科学总体水平有待提高，具体体现在以下三方面。第一，适应新时代经济社会发展要求的中国特色哲学社会科学发展战略还不明确。我国高校哲学社会科学体系构建存在一些亟待解决的问题，尤其是哲学社会科学学科的专业设置与社会发展联系不够紧密，难以满足新时代发展需求；学科体系不够健全，解决重大现实问题、理论问题所需要的交叉学科、新兴学科建设较为薄弱；哲学社会科学跨学科联通不足，难以实现学科资源优化配置，影响高校哲学社会科学学科协作，限

制了学科与人才培育的发展。第二，适应世界格局转变的国际形势，解决全球社会治理难题的高校哲学社会科学学科体系、学术体系、话语体系建设水平总体不高。面对国内外形势的严峻挑战，中国特色哲学社会科学的学科体系、学术体系、话语体系建设发展缓慢，难以应对多元思想与意识形态的冲击；对当代中国社会问题的研究还存在大量不符合中国实际的表述；[1]此外，在执政党意识形态话语体系构建上难以适应新媒体时代的冲击和要求，具有一定的滞后性和薄弱性。[2]第三，高校哲学社会科学工作者的创新意识不强，学术成果的原创性不高。这体现在高校哲学社会科学工作者理论功底不扎实、创新意识不强，难以产生高质量的原创性成果；无论是对古代思想资源的研究还是对西方理论的借用，都可能存在对现实解释力不强的问题，理论与实践"两张皮"的现象常常存在。总之，增强高校哲学社会科学的学术原创性，就需要对中国哲学社会科学的话语体系进行进一步解析和重构。[3]

### （二）高校哲学社会科学培养体系有待完善

高校哲学社会科学培养体系有待完善，具体体现在以下三方面。第一，高校哲学社会科学教育体系尚不健全。高校哲学社会科学学科设置与育人育才的要求不匹配，人才培养与培训无法适应学科与专业发展和建设的需要；高校哲学社会科学教师和学生在育人育才过程中的主体地位没有得到应有的重视和发挥；高校哲学社会科学教材建设滞后，管理

---

[1] 俞思念. 中国特色社会主义理论话语体系建设［J］. 长安大学学报（社会科学版），2015（3）：87-93.

[2] 张振，郝凤. 新媒体时代中国共产党强化意识形态话语权的多维路径［J］. 江苏社会科学，2016（5）：41-47.

[3] 宋秉武. 加强中国哲学社会科学话语体系的原创性和时代性［N］. 甘肃日报，2016-08-29（11）.

缺乏自主性，难以满足人才培养和学科建设的需求；高校哲学社会科学的人才培养评价尚未从学科评价中独立出来，忽略了人才培养中的学术因素，不利于人才培养的长远发展；①高校哲学社会科学学科以学生为中心、以学习结果为导向的质量保障体系尚未建立起来。第二，高校哲学社会科学学术评价体系不够科学。高校哲学社会科学学术评价机制的学科特点尚未体现出来，影响高校对哲学社会科学研究成果和教师业绩的评价；②高校哲学社会科学的理论性与应用性研究的差异性没有被充分重视，不同学科的学术成果与学术价值也难以直接画等号。③第三，高校哲学社会科学管理机制、激励机制、保障机制、运行机制还不完善。高校哲学社会科学管理机制和方式方法还带有计划经济体制的烙印，重视管理控制、重视成果、重视立项，相对忽略过程管理、成果转化和课题结项；高校哲学社会科学缺乏有效的竞争激励机制和组织平台的保障，制约哲学社会科学高质量成果的产出；④高校科研管理机构的归口与分口设置存在问题，哲学社会科学与自然科学在研究对象、研究方法、理论形式与实践等方面有很大差异，不利于哲学社会科学研究视野的整体发展。

## （三）高校哲学社会科学人才队伍建设有待加强

我国高校哲学社会科学人才队伍的数量和质量与国内外形势的要求

---

① 林鹭. 以育人育才为中心的高校哲学社会科学学科问题分析 [J]. 开封教育学院学报，2018（1）：123-124.
② 吴静，颜吾佴. 高校哲学社会科学人才队伍建设存在的主要问题及对策研究 [J]. 北京交通大学学报（社会科学版），2011（2）：104-108.
③ 林鹭，冒林波. 关于高校哲学社会科学学科教师评价中促进要素按贡献分配的几点看法 [J]. 三峡大学学报（人文社会科学版），2017（增刊）：173-174.
④ 洪博. 推动科研管理创新增强哲学社会科学发展能力 [N]. 陕西日报，2017-07-14（7）.

还有很大差距。第一,高校哲学社会科学研究高层次、创新型人才相对缺乏,具有较强的学术影响力、社会影响力、国际影响力的学术大师极其匮乏,直接影响到高校哲学社会科学成果的原创性与层次性,难以形成学科优势与高端品牌。第二,高校哲学社会科学队伍整体素质偏低,人才队伍的学历结构、年龄结构、职称结构等不尽合理,尤其是国际化水平总体偏低,难以形成以学科带头人为核心的优势学科团队,也就难以产生一流的学科成果并掌握哲学社会科学领域的国际话语权。[①] 第三,高校哲学社会科学建设的学风问题依然是人才队伍建设的突出问题,近年来学术失范、学术不端、学术腐败等问题频频发生,[②] 整体上看依然存在学术风气浮躁的现象,这引起了党和国家的重视。近年来,加强师德师风、学风建设成为高校人才队伍建设的重点。

### 二、新型智库发展速度迅猛,高校智库优势待发挥

近年来,尤其是党的十八大以来,中国特色新型智库建设全面展开,智库事业发展迅速,官方智库、高校智库、民间智库等各类智库活动空前繁荣,智库研究的专业化、资金来源多元化、团队构成复合化、决策参与全程化水平不断提升,[③] 为党和国家的决策提供了较有力的支撑。但是总体上来看,智库的总体水平依然不高,以学术影响力见长的中国特色新型高校智库的优势尚未完全显现,高校智库的总体水平、专业化水平、高端性、国际影响力等有待提高。

---

[①][②] 吴静,颜吾佴. 高校哲学社会科学人才队伍建设存在的主要问题及对策研究[J]. 北京交通大学学报(社会科学版),2011(2):104-108.
[③] 周秀平,李健. 打造中国特色新型高校智库[J]. 社会治理,2018(7):45-49.

## （一）智库总体发展水平滞后

我国智库总体发展水平滞后体现在以下两个方面。第一，与中国社会主义现代化建设事业相匹配的智库建设还远远不够，随着国内外形势的发展，智库建设滞后的问题会越来越突出。智库的重要地位还没有引起普遍的重视，尚未形成具有较强专业性、社会影响力、国际知名度的高端智库；高质量的智库研究成果的数量和质量都有待提高，尤其是智库研究成果的转化还远远不够，智库参与决策咨询的制度和机制尚缺乏统一的安排和规划；智库资源配置、经费投入、组织形式、管理形式等都有待创新；有影响力的高端智库领军人物和杰出人物还很缺乏。鉴于此，面向未来，中国特色新型智库建设的任务还很艰巨。第二，与美国等世界各国高端智库相比，我国智库还远未形成与国家实力相匹配的国际影响力。现代化的智库在中国的发展是改革开放以后的事情，美国智库发端于一战后，布鲁金斯学会等著名的高端智库的发展拥有近百年的历史；我国智库在产业规模上远远落后于美国，上海社会科学院智库研究中心发布的《2017年中国智库》总结了中国最具影响力的158家智库，而美国智库有2 000家，从业人员超过十万；[①] 中国智库业还处于发展的初级阶段，与政府等各级决策部门的沟通机制、激励机制、运营机制等还不成熟，美国智库的发展伴随着美国民主化、现代化、全球化进程，智库与外界沟通机制和内部运行机制都相对完善。

## （二）高校智库优势待发挥

近年来，我国高校智库因其学科、人才培养、国际化等方面的优势，开始逐步发展为国家智库的重要组成部分。从全球范围来看，以我

---

① 王文. 对中国特色新型智库几个重大问题的思考[J]. 智库理论与实践，2016（1）：24-30.

国高校为主导的国际智库联合体逐渐发展，类似于清华－卡内基全球政策中心、国际顶尖教育学院联盟、金砖国家大学联盟等基于大学跨国合作的联盟和智库组织越来越多。①

但是从总体上来说，中国特色新型高校智库还存在水平不高、数量增长有限、优势尚未凸显以及国际辐射力不强等问题。第一，高校智库总体水平不高。我国高校智库机构众多，但真正具有专业性、高端性、国际影响力的高校智库比较少；高校智库的研究成果数量逐渐增长，但资政成果尤其是服务于国家重大战略决策需求的资政建议比较少；高校智库的体制机制改革有待深化，适合新型高校智库发展的管理方式、组织形式、评价体系等都有待进一步完善。②第二，高校智库的优势尚未凸显。尽管近年来随着高校哲学社会科学的发展，中国高校智库发展势头迅猛，但最具影响力的智库仍然是国家党政军智库，以及各大部委附属的科研院所和研究机构，中国高校智库的学术影响力优势还没有凸显出来。第三，高校智库的国际化程度不高。高校智库建设重复交叉，学科布局有待于进一步优化，如2014—2017年围绕"一带一路"倡议成立了35家智库，但彼此之间缺乏明确的领域和目标分工；高校智库产品的国际国内认可度低，国际排名靠后。③最后，高校智库成果的国际化传播机制薄弱，高校智库英文网站和外文出版成果少，欧美媒体和社会对中国智库品牌的识别度低。

---

① ③ 周秀平，李健. 打造中国特色新型高校智库［J］. 社会治理，2018（7）：45-49.
② 徐青森. 积极探索高校智库建设新路径［N］. 光明日报，2015-11-11（16）.

## 第三节 提高高校哲学社会科学
## 研究水平的动向与策略

面向2035年的教育现代化，要进一步提高高等学校哲学社会科学研究水平。坚持马克思主义指导地位，树立正确的政治方向、价值取向和学术导向，坚定不移地实施以育人育才为中心的高校哲学社会科学整体发展战略，形成具有中国特色、中国风格、中国气派的哲学社会科学学科体系、学术体系、话语体系。深化马克思主义理论研究和建设，深入开展重大问题、现实问题、未来发展问题和实践经验总结研究，大力推进马克思主义中国化、时代化、大众化。构建更加完善的高校哲学社会科学研究创新平台体系，加强中国特色新型智库建设，形成一批国际知名的专业化高端智库。

### 一、坚持马克思主义指导地位，构建中国哲学社会科学体系

新中国成立70多年的实践经验证明马克思主义在实践中的指导意义，也证明了中国共产党能够带领我国广大人民走向现代化。面对新的挑战，我们要坚定不移地坚持以马克思主义为指导，坚决维护党的领导地位，与时俱进地构建适合新时代社会经济发展、人才需求的中国特色哲学社会科学体系。

（一）坚持马克思主义指导地位

面向2035年，坚持马克思主义指导地位，就是指高校哲学社会科学研究坚持马克思主义指导地位不动摇，以此为基础构建中国哲学社会科学体系。坚持马克思主义指导地位，就是要真正掌握马克思主义关于

世界的物质性及其发展规律、人类社会及其发展规律、认识的本质及其发展规律等原理，揭示共产党执政规律、社会主义建设规律、人类社会发展规律。坚持以马克思主义为指导，就是要让高校哲学社会科学工作者坚持以人民为中心，尊重人民主体地位，聚焦人民实践创造，自觉地把个人学术追求同国家和民族发展紧紧联系在一起，努力做出经得起实践、人民、历史检验的研究成果。坚持以马克思主义为指导，就是要在高校哲学社会科学研究中坚持马克思主义基本原理和贯穿其中的立场、观点、方法，把坚持马克思主义和发展马克思主义统一起来，结合新的实践不断进行新的理论创造。坚持以马克思主义为指导，就是要高校哲学社会科学研究坚持问题导向，聆听时代的声音，回应时代的呼唤，研究解决重大而紧迫的问题，尤其是研究我国发展和我们党执政面临的重大理论和实践问题，提出解决问题的正确思路和有效办法，在全面客观分析的基础上，揭示我国社会发展和人类社会发展的大逻辑、大趋势。

### （二）树立正确的政治方向、价值取向和学术导向

面向2035年，树立正确的政治方向、价值取向和学术导向就是要坚持党的全面领导，坚持社会主义核心价值体系，增强意识形态领域的主导权和话语权，为国家、为民族"培根铸魂"。中国哲学社会科学体系建设要坚持正确的政治方向，加强党的全面领导，坚持以党的政治建设为统领，立足中国国情实际，服务于党和政府的科学决策。哲学社会科学研究树立正确的政治方向，就是坚持政治意识、大局意识、核心意识、看齐意识，自觉维护党中央权威和集中统一领导。树立正确的价值取向，是指要提高价值站位，着眼于治党治国治军、改革发展稳定、内政外交国防和历史现状未来等相关问题，以国家、区域、行业需求为导向，开展针对性、前瞻性和储备性的研究，提供高质量的研究成果。哲

学社会科学研究树立正确的价值取向，就是要坚持社会主义核心价值体系，增强意识形态领域主导权和话语权，为国家、为民族"培根铸魂"。哲学社会科学研究树立正确的学术导向，就是要旗帜鲜明地坚持马克思主义和中国特色社会主义理论体系指导思想。哲学社会科学研究正确的学术导向就是"四个坚持"：坚持与时代同步伐、坚持以人民为中心、坚持以精品奉献人民和坚持用明德引领风尚。

### （三）实施以育人育才为中心的发展战略

面向2035年，坚定不移地实施以育人育才为中心的高等学校哲学社会科学整体发展战略，就是要实现高校哲学社会科学学生、学术、学科的一体化发展。第一，建立以学生为中心、以学习结果为导向的人才培养机制。深化高校教育教学改革，建立符合中国国情、对接国际标准的高校哲学社会科学人才培养标准体系，建立持续改进的质量文化，培养学生的全球治理素养、社会责任感、创新创业的精神与能力，在国家三级专业质量标准的框架下完善高校哲学社会科学人才培养体系。第二，以学术为基础，构建高校哲学社会科学与人才培养融合的新机制。创新科研组织形式和管理形式，加快中国特色高校智库建设，进一步推进协同创新中心和重点研究基地建设；促进科研与教学的深度融合，将高校哲学社会科学研究的最新成果纳入教材中，融入教育教学的各个环节中。第三，以学科为支撑，强化哲学社会科学学科育人功能。要坚持立德树人，树立培养德智体美劳全面发展的社会主义现代化建设者和接班人的发展目标，发挥哲学社会科学方向引领、价值引导、知识传递以及探索创新的育人功能，培养年轻一代以实现哲学社会科学对民族、国家的贡献为目标。坚定不移实施以育人育才为中心的高等学校哲学社会科学整体发展战略，是党和国家对中国特色哲学社会科学创新发展的时代要求，是哲学社会科学整体发展战略向纵深拓展的重要标志，是新形势下哲学社会科学育人育才的基本遵循。立德树人是哲学社会科学育人育才的核心目标和首要任务，学生、学术、学科一体的综合发展体系是推进哲学社会科学整体发展战略的理想模式，结合高校实际是更好发挥哲学社会科学育人育才功能的有力保证。①

### （四）加快构建中国哲学社会科学体系

面向2035年，形成具有中国特色、中国风格、中国气派的哲学社会科学学科体系、学术体系、话语体系，就是要突出中国高校哲学社会科学研究的原创性、实践性与世界性。中国特色意味着高校哲学社会科学要体现马克思主义的指导思想，体现中国独创性、民族性特征。中国风格是指体现中华民族文化和风情的理论和话语的独特作风。中国气派是中国在处事、做学问等方面体现出的作为大国应有的风范和立场。具体到实践中，要从以下三个方面来落实。②第一，中国特色、中国风格、中国气派的哲学社会科学学科体系，就是要体现原创性、继承性、民族性、时代性，扎根中国大地，紧贴新时代中国社会实践的脉搏，继承中国优秀传统文化、民族文化，并能够转化为现代化特征，形成合理的学科布局，完善学生、学科、学术一体化发展战略格局。第二，中国特色、中国风格、中国气派的哲学社会科学学术体系构建要关注社会现实，增强问题意识。从当前中国问题出发，在中国传统中寻求解决当下问题的基因密码，重视中国社会问题中显性或者隐性的前结构——民族

---

① 王子刚，王占仁. 实施以育人育才为中心的哲学社会科学整体发展战略的科学价值[J]. 东北师大学报（哲学社会科学版），2018（3）：178-185.
② 胡颖. 建成中国特色、中国风格、中国气派的哲学社会科学话语体系要坚持"四个统一"[J]. 延边党校学报，2017（3）：4-6.

特性、文化基础、思想传统等，在此基础上进行本土化创新。第三，中国特色、中国风格、中国气派的哲学社会科学话语体系要实现辩证的统一。坚持深入和浅出相统一，深入哲学社会科学的理论并形成理论成果，再将学术语言转换成人民群众和世界各国容易接受的语言；坚持继承与创新相统一，继承马克思主义指导思想，继承中华民族五千年的优良传统，根据现实问题提出新的观点和话语表达；坚持国际化和本土化相统一，准确把握国际发展大势，学习借鉴国际学术发展成果，提升和增强我国哲学社会科学国际话语权和影响力；坚持科学精神与人文精神相统一，从实际出发揭示事物的本质和规律，以人民为中心，为人民谋福利，体现人文关怀。① 构建中国特色、中国风格、中国气派的高校哲学社会科学学科体系、学术体系、话语体系是高校哲学社会科学体系建设的总体要求。

## 二、扎根中国的重大现实问题，大力推进马克思主义中国化

实践是具体的、历史的，没有一成不变的客观真理可以套用。面对中国现阶段的国情，我们更要扎根中国大地办教育，深入研究我国现状和历史，辩证、理性地借鉴和运用马克思主义理论精髓，大力推进马克思主义中国化，以更好地指导我国现代化建设。

### （一）深化马克思主义理论研究和建设

面向2035年，深化马克思主义理论研究和建设，就是要把高校建设成学习、研究和宣传马克思主义的坚强阵地，加强马克思主义基础理论研究，深化党的理论成果创新，开展马克思主义理论教育。第一，加

---

① 胡颖. 建成中国特色、中国风格、中国气派的哲学社会科学话语体系要坚持"四个统一"[J]. 延边党校学报，2017（3）：4-6.

强马克思主义基础理论研究,深入研究马克思主义关于人类社会发展规律的思想、关于坚守人民立场的思想、关于生产力与生产关系的思想、关于人民民主的思想、关于文化建设的思想、关于社会建设的思想、关于人与自然关系的思想、关于世界历史的思想、关于政党建设的思想,深入推进马克思主义理论研究和建设工程,加强高校中国特色社会主义理论体系研究中心建设,建设好高校马克思主义学院,为学习、研究、宣传马克思主义提供有力的平台支撑和组织保障。① 第二,深入研究和阐释党的十八大以来对中国特色社会主义和马克思主义的理论创新,依托中国特色新型智库开展党中央重大决策部署和重大实践成果的专题研究,并将理论创新成果利用高校和智库平台推送,引导社会舆论,提升国际影响力。第三,以高校思想政治建设为龙头开展马克思主义教育。以高校思想政治教育、通识教育、校园文化、社会实践活动等多种途径,以信息化平台和网络传媒等技术手段,推动高校师生系统学习和研究马克思主义基本理论、中国特色社会主义理论体系、习近平总书记系列讲话精神等,用马克思主义理论研究成果来发挥育人作用。

### (二)深入开展重大问题和实践经验总结研究

面向2035年,深化开展重大理论问题、现实问题、重要发展问题和实践经验总结研究,就是要扎根中国社会现实,寻求中国问题的解决方案,为世界做出中国贡献。第一,要坚持问题导向,跨越哲学社会科学的学科边界寻求社会与全球治理方案,尤其是在国家社会决策与治理越来越依赖智库和专家学者的形势下,高校哲学社会科学研究者要从当下社会现实问题出发,打破学科边界,寻求解决问题的策略和方案,实

---

① 陈宝生. 加快构建中国特色哲学社会科学高校要走在前列 [EB/OL]. (2017-06-22)[2019-03-12]. http://edu.people.com.cn/n1/2017/0622/c413010-29356225.html.

现不同学科对话与思想的交换,从人类社会发展的整体性角度考虑问题。第二,要研究人类与中国社会发展所面临的重大理论问题、现实问题和重要发展问题,尤其是自然环境保护、全球治理格局、中国特色社会主义发展道路、中国社会主要矛盾、中国社会主要矛盾重大变化、新时代中国共产党的历史使命、新时代中国特色社会主义思想、"第二个一百年"奋斗目标和"两步走"战略部署等重大理论与现实问题。第三,要研究新中国成立以来尤其是改革开放以来中国实践中的重大现实问题,总结中国社会发展的经验与智慧,总结中国特色社会主义的伟大实践经验,并将其升华为中国化的马克思主义理论,研究当代世界变革调整中的重大现实问题,并为世界贡献中国经验与智慧。

### (三)大力推进马克思主义中国化、时代化、大众化

面向2035年,大力推进马克思主义中国化、时代化、大众化,就是要结合中国实际、时代特征、国民特征来推进马克思主义。第一,推进马克思主义的中国化,就是要将马克思主义基本原理与中国传统相结合、与中国国情相结合、与中国社会实践相结合,形成具有中国特色的新理论,灵活运用马克思主义真理解决中国特殊阶段的问题,将马克思主义理论本土化。第二,推进马克思主义的时代化,就是要充分研究当下的时代特征,使马克思主义理论运用紧跟时代步伐,满足新时代经济社会发展和国际治理格局的需要。第三,推进马克思主义的大众化,就是要立足人民的利益,将马克思主义与人民群众的生活实践经验结合起来,将马克思主义通俗化、具体化,让人民群众尤其是在信息化时代成长起来的年轻人,能够理解、接受、弘扬马克思主义的基本理论与观点,更广泛地凝聚社会共识。高校推进马克思主义的中国化、时代化、大众化,尤其要注意高校教师和学生等受众客体的特点,强化施教群体

的自觉性，①以高校哲学社会科学体系建设为依托，加强对马克思主义中国化、时代化、大众化的理论研究与成果转化，发挥高校思想政治教育课的传播作用，推进马克思主义的理论与实践创新，构建马克思主义中国化、时代化、大众化教育的长效机制。②

### 三、放眼国际视野追求卓越，加强中国特色新型智库建设

智库是思想创新的源泉，智库的建设能为我国政策发展提供专业技术支持，对提升国家综合实力有巨大的作用。建设现代化新型智库，打造国际化高水平智库要求更大范围的学科融合、更大程度的体制改革、更高品质的研究成果。

#### （一）构建完善的研究创新平台体系

面向2035年，构建更加完善的高等学校哲学社会科学研究创新平台体系，就是要以高校创新平台建设为依托，提高高校哲学社会科学研究水平。要以研究解决中国社会实践的重大理论问题、实践问题、发展问题、经验总结为重点，聚焦高校哲学社会科学学术研究的方向，建设高层次的研究队伍，建设一批世界水平、国际知名的学术高地和中国特色新型智库。要增加一批教育部人文社会科学重点研究基地，构建特色鲜明、优势突出、结构合理、协调发展的人文社会科学重点基地体系，支持有条件的研究基地向智库转型。要大力推进以国家重大战略需求为导向和跨学科交叉研究领域为重点的研究基地建设，推动社会科学实验

---

① 吴虹，赵丹. 高校推进马克思主义中国化、时代化、大众化的实践解读［J］. 沈阳工业大学学报（社会科学版），2012（3）：267-271.
② 刘俊富，向雅玲. 高校推进马克思主义中国化时代化大众化的对策［J］. 中小企业管理与科技（中旬刊），2014（9）：228-229.

室建设，着力加强部部共建、部省共建重点研究基地，以高水平学术平台建设引领和带动高校哲学社会科学的创新发展。①

## （二）加强中国特色新型智库建设

面向2035年，加强中国特色新型智库建设，整体提升高校智库服务能力，服务国家重大战略需求；深化高校智库管理体制改革，促进国家教育治理体系和治理能力现代化；提升智库研究成果的品质，发挥对科学决策的支撑作用。第一，深入实施中国特色新型智库建设推进计划，整体提升高校智库服务能力，为国家重大战略和重大决策需求提供有力支撑。聚焦国家需求、凝练主攻方向，在经济建设、政治建设、文化建设、生态文明建设、党的建设、外交问题、全球治理格局等问题上做出重大突破。整合优质资源，以2011协同创新中心和教育部人文社会科学重点研究基地建设为抓手，深入实施社科专题数据库和实验室建设计划，以"双一流"建设高校为依托培育国家智库。继续实施高端智库人才计划，培养智库建设的骨干队伍，推动智库人才交流。第二，深化高校智库管理体制改革，促进国家教育治理体系和治理能力现代化。建立智库有效参与公共决策的机制、智库公共竞争机制、全国智库评估机制、国家重大课题选题确定和发布机制、国家智库发展经费支持机制、开放竞争的智库人才管理和运行机制、全国智库成果交流和传播的平台机制，建立参与国际智库合作交流的机制等。②整合各类智库资源，并建立开放的研究合作机制，发挥高校智库的人才优势，带动中国特色新型智库整体发展与水平提升。建立中国特色的政府购买决策咨询服务

---

① 张东刚. 以科学发展观为指导建设高校哲学社会科学创新体系 [J]. 中国高等教育，2013（1）：12-15.
② 李国强. 为国家治理提供高质量智力支持 [N]. 光明日报，2014-07-29（11）.

制度，倒逼高校通过公平竞争获取信息、数据和经费，为政府提供决策咨询服务，促进公共决策机制的优化。完善中国特色的"旋转门"机制，鼓励党政机关与高校智库之间人才有序流动，解决中国特色新型智库与政府、社会实践脱节的问题，培养决策型或专家决策型人员。① 第三，提升智库研究成果的品质，拓展智库成果应用、发布、报送渠道。从国际智库发展趋势来看，智库聘用高学历、多学识的高级研究人员进行研究，也会通过质量审查标准评审研究成果的质量。高校智库建设过程中，应该围绕国际国内重大热点问题，联合国内外高水平高校智库开展合作，加强成果的质量审查，提升高端智库成果的品质。坚持决策问题导向的研究机制，围绕政府决策问题开展研究，建立高校智库与政府之间常态化沟通机制，加强前瞻性研究，建立和拓展高校智库向决策部门的报送渠道，发挥高校智库对科学决策的支撑作用。

### （三）打造国际知名专业化高端智库

面向2035年，形成一批国际知名专业化高端智库，夯实中国特色高校智库专业化的重要基础，瞄准中国特色高校智库高端性的发展方向，打造中国特色高校智库国际化的重要特征。第一，夯实中国特色高校智库专业化的重要基础。重点建设一批全球和区域问题研究基地，依托高校学科优势，鼓励高校智库在优势学科领域专业化发展，明确研究领域，确定清晰的研究方向，这是形成专业化国际智库的前提条件。高校智库的专业化也体现为高素质的研究人员，可以以全职或者兼职的形式聘请国际智库研究人才，吸引优秀学子学成归来到高校智库工作，加快构建国际人才流动体系建设，形成高校智库研究人员与政府机构人员

---

① 余敏江. 中国智库建设需要聚焦"特"与"新"[N]. 中国社会科学报，2016-12-15（2）.

之间的流动，提升高校智库的专业化能力。第二，瞄准中国特色高校智库高端性的发展方向。高端性体现在高站位、高平台、高层次领军人物、高质量成果产出。一是体现高站位，中国特色高校智库要立足于未来人类社会、世界格局、中国发展的宏观视野，把握未来发展趋势，进行系统性、前瞻性研究，为中国赢得在关键领域的话语权提供有针对性的政策建议。二是体现高端平台，中国特色高校智库要与国内外一流智库建立实质性合作关系，发展海外中国学术中心，参与或者建立国际学术组织，举办高端国际论坛。三是造就高层次领军人物，引导和支持高校学者深入中国改革的伟大实践，培养扎根中国大地、有深厚学术造诣、具有国际影响力的哲学社会科学高层次领军人物。四是产出高品质研究成果，围绕重大研究问题，加快国际学术论文和专著的产出，发布高质量的研究成果，增强高校智库成果的社会与国际影响力。第三，打造中国特色高校智库国际化的重要特征。发达国家的智库已逐步实现其国际化布局，不断增强了发达国家的全球影响力。我国应逐步推动中国智库构建区域性和全球性的研究网络、成员网络和合作网络。高校可以借助高等教育国际化与全球化趋势与资源，将其纳为中国特色的全球化智库网络体系的重要组成部分，依托"双一流"高校学科优势打造国际化知名智库。依托高校哲学社会科学"走出去"计划，扩大高校智库国际学术话语权与影响力，主动、前瞻地设置研究议题，引导高校智库、政府部门、社会机构等利益相关方参与讨论，提升影响国际话语权的能力。

# 第八章　推进高校科研体制改革与创新

创新是国家经济社会发展的强大驱动力，成果转化是经济社会发展的现实生产力，高校和科研院所是源头创新中的主力军，进一步提升原始创新能力、服务经济社会发展能力，尤其是科技成果转化能力尤为重要。近年来，我国高校的科技成果转化数量增长加快，转化质量不断提升，创富效应逐渐增强，双创能力不断提高。但高校科技成果转化还存在科研支撑体系不健全、科研组织机制不完善、服务经济社会发展能力不突出等问题，致使科研创新成果转化率一直较低，科技创新与经济社会发展相脱节，"两张皮"现象依然严重。当前，应以《中国教育现代化2035》为指引，切实推动中央科研体制改革重大部署，认真落实科研体制改革具体举措，推进有利于激发创新活力和促进科技成果转化的科研体制改革和创新，完善科技资源开放共享，鼓励持续研究和长期积累，营造科技创新、成果转化优良生态，打通科技创新与经济社会发展通道的"最后一公里"，为实现中国梦增添新动能。

## 第一节　推进高校科研体制改革与创新的形势与背景

"国家竞争优势理论"强调，完善的创新机制和充分的创新能力是国家国际竞争力的关键优势。[①]创新是国家经济社会发展的强大驱动力，成果转化是经济社会发展的现实生产力，而高校是一个国家的创新主阵地。为促进国家经济社会发展，以激发创新、促进转化为导向的高校科研体制改革和创新在全球范围内都备受重视。

### 一、推进高校科研体制改革与创新的国际形势

工业4.0是国家发展的创新导向阶段，以科研和创新为主题，以科技成果转化能力为核心竞争力。高校几乎是每个国家，尤其是发达国家创新能力最强、创新人才最多的地方。

#### （一）创新转化是国际竞争力的关键因素和优势动能

科技竞争力是国际竞争力的关键。重大科技创新都必然伴随着国家经济实力的提升，推动着全球政治格局的变迁。农业社会时期，古代中国凭借四大发明成为当时经济最发达的国家；直到18世纪英国凭借蒸汽机开启工业1.0时代，成为大英帝国；此后英国掌握电气技术持续引领工业革命进入2.0时代，成为"日不落帝国"；20世纪中叶的美国发明世界上第一台计算机，标志着工业3.0——信息时代的到来，美国掌握更多国际话语权；工业3.0还如火如荼之际，工业4.0全新技术革命已悄然而至。

---

[①] 迈克尔·波特. 国家竞争优势[M]. 李明轩，邱如美，译. 北京：华夏出版社，2003：1.

第一，创新是国际竞争力的关键因素。人工智能、物联网、绿色能源、神经技术、量子信息、虚拟现实、生物科技等一系列全新的科学技术，都是工业4.0时代背景下正发生的颠覆性变革的领域。世界各国都在科技革命的洪流里挣扎向上，争取掌握更多、更先进的主导性技术。掌握全新技术，意味着产业升级、经济实力增强，更意味着军事能力提升、政治实力增强。显然，从联合国到各个国家都充分重视高校作为创新主阵地的作用。联合国教科文组织为提高教育科学研究在增强国家社会经济发展中的作用，自1973年开始实施"亚太教育创新为发展"（APEID）服务计划，[①] 并定期开展"亚太地区教育科研院/所联席会""亚太地区教育部长和经济部长会议"以加强科研机构间、教育科研与市场间的合作与联系。美国的高校经费占国内生产总值（GDP）比重达15%，[②] 并颁布一系列法案促进高校科研发展，同时以多种评估引导和鼓励社会资本投资或捐赠高校；高校则通过参与地方经济建设、提供经济社会发展咨询等为国家持续创造GDP，使美国一直保持世界霸主地位。

第二，成果转化是国际竞争力的优势动能。科技成果不是生产力，但科技成果转化后可以大大提高实际生产力和综合实力，促进国家经济社会快速发展。如1986年是日本经济跳跃式发展的一年，GDP达20 510.61亿美元，比1985年（13 845.32亿美元）增长48.14%，相当于再创半个经济体。其高速发展背后的原因在于战后日本将科技成果与市场紧密结合，善于利用国内外科技成果及时高效地转化并推广。[③] 以超

---

[①] 周南照. 加强教育科研促进教育创新[J]. 教育研究，2003（9）：3-12.
[②] 陈凯，陆建国. 加快体制机制建设 促进科技成果转化：美国、加拿大高校科技成果转化的启示[J]. 中国高校科技与产业化，2010（3）：38-39.
[③] 张酉水. 加强产学合作与成果转化促进科技与经济紧密结合[J]. 中国高等教育，1992（4）：76-81.

大规模集成电路（VLSI）为例，1976年日本通商产业省成立VLSI集成电路研究开发组，1979年基础技术基本成熟并转化为半导体产品，到1986年日本的半导体产品的全球市场份额超过美国，开始主导全球半导体市场。也就是这一年，日本经济实现质的飞跃。

### （二）完善科研体制机制是提高科技创新能力的关键

历史不断证明，科技对提升国际竞争力的关键作用。全球各国都致力于完善有助于激发创新、促进科技成果转化的体制机制，以保证科技进步和成果顺利转化，最终提升国家综合实力。

第一，政府与市场协同推进科技发展。从世界主要发达国家经济发展历程来看，各国都十分重视科研体制建设中政府、市场两个主体之间的利弊权衡，部分国家政府占主导地位，部分国家以市场为优先，而另一些国家两者地位均衡，但所有国家的科技发展都由政府、市场协同指导。美国以市场为主导，政府仅引导科技资源配置而不干预科技研发。新西兰政府通过资助影响国家科技发展，国家优先为"战略政策研究"拨款。日本强调政府在科技发展上的主导地位，文部省制订《面向21世纪的教育改革计划》，加强科技与政策的联系。韩国政府通过国家教育研究开发中心对国家科技发展进行重要规划，其研究重点是政策性的。澳大利亚的科技发展同样由政府主导，高校通过大量政府委托研究与政府建立广泛的科技联系。[①] 德国科技发展中则强调政府与市场的均衡。从经济发展进程看，各国在科技发展中重视政府、市场协同的原因在于，只有政府或市场单方面的引导并不是科技发展的最优解。虽然市场能比政府更快地感知经济发展趋势，尤其是在科技快速更迭的时代。

---

① 周南照. 加强教育科研促进教育创新［J］. 教育研究，2003（9）：3-12.

例如二战后是科技发展迅猛期，以市场为导向、在市场需求的领域发展科技的国家都获得了极大的经济飞跃，比如美国、日本和韩国。但追求利润是市场的最大特点，能引起科技革命、权力更迭的重大突破性创新发现都是基于长期的、成效未知的、耗费精力和金钱的关键技术和原始创新；这些项目通常是市场在"经济人"假设下优先淘汰的选择，这就相当于将本国在该领域的话语权拱手让人。因此，主要发达国家均强调政府在科技发展中的规划和统筹调整作用，如韩国的G-7计划、科技基本计划和日本的X号答申报告[①]、科技基本计划等。

第二，各国建立完善且激励性较强的科研体制。政府在国家竞争优势中的作用至关重要，而这种作用主要通过制定法律、政策的方式体现。发达国家尤其重视科技创新、成果转化方面的政策制定，包括国家法律支持、知识产权保护、激励制度设立等政策。在国家法律支持上，发达国家科技发展方面的法律体系建设更早、更完善。美国和日本等发达国家在二十世纪八九十年代就建立了相对完善的科技成果转化法律体系。美国科技发展相关法律包括《史蒂文森－怀勒技术创新法》《Bayh-Dole法案》《专利和商标说明法》《联邦技术转移法》《美国技术卓越法》《12591号行政命令》《国家竞争力技术转让法》《国家技术转化和促进法》《国家合作研究与生产法》《技术转移商业化法》等近20项，[②][③]为科技发展提供充分、全面的法律支持。在知识产权保护上，在经济发展上取得过飞跃发展的发达国家都十分重视创新发明的产权归

---

[①] 刘友平. 美日德韩国家科技资源配置模式比较及其借鉴意义[J]. 科技与管理，2005（5）. 91-94.

[②] 王欣. 高校科技成果转化激励与对策研究[M]. 北京：科学出版社，2017：4.

[③] 黄传慧，郑彦宁，吴春玉. 美国科技成果转化机制研究[J]. 湖北社会科学. 2011（10）：81-84.

属和专利保护。美国《Bayh-Dole法案》将联邦政府拨款的项目专利权下放给研究单位，大大提升美国科技成果转化率。日本《大学等技术转让促进法》将职务发明专利权下放给发明者，获得2002年诺贝尔奖的"生物大分子的质谱分析法"即为田中耕一的职务发明；美国梅森大学也规定项目研究成果和专利权归教授所有。在激励制度设立上，各国均不遗余力吸引和留住优秀科技人才。美国为全球人才提供高薪和良好的上升空间，德国为海外、留学人才提供优越的研究条件和待遇，还有韩国特别重视人才荣誉体系建设，比如设立科学技术奖、韩国科技大奖和总统奖、蒋英实奖等。此外，各国均出台各种科研收益税收优惠政策，如免税政策、税额抵扣政策、快速折旧政策等。

第三，各国科技发展经费投入较多。2016年全球研究与发展（Research and Development，R&D）经费在国内生产总值（GDP）中的占比平均达2.31%（图8-1），自1996年以来首次超2.2%。从全球看，发达国家的研究与发展投入较高，尤其是以色列和韩国，投入比重超过4%，分别达4.25%、4.24%，日本达到3.15%；美国投入也持续稳定（2.74%）。这些国家的投入均超过OECD（经合组织）国家平均水平（2.66%）、高收入国家平均水平（2.51%）和全球平均水平（2.31%）。我国的研究与发展经费投入虽逐年增多，但仍低于全球平均水平。值得一提的是，韩国研究与发展投入增长力度非常大，从2000年到2016年翻了近一番。从OECD国家看，2007—2017年研究与发展总投入保持稳定增长：2017年OECD国家研究与发展总投入比上年平均增长3.8%，比2007年增长24%；其中高校研究与发展平均投入比上年增长1.6%，比2007年增长23%。[①]2008年后全球都处于经济动荡带来的低迷中，

---

① OECD. DATA［DB/OL］. http://www.oecd.org/.

研究与发展总投入降低,但高校研究与发展投入仍持续走高,并在此后的八年内均保持高于研究与发展总投入的增长率。可见,经济波动期全球都对能促进经济增长的高校产出寄予厚望。

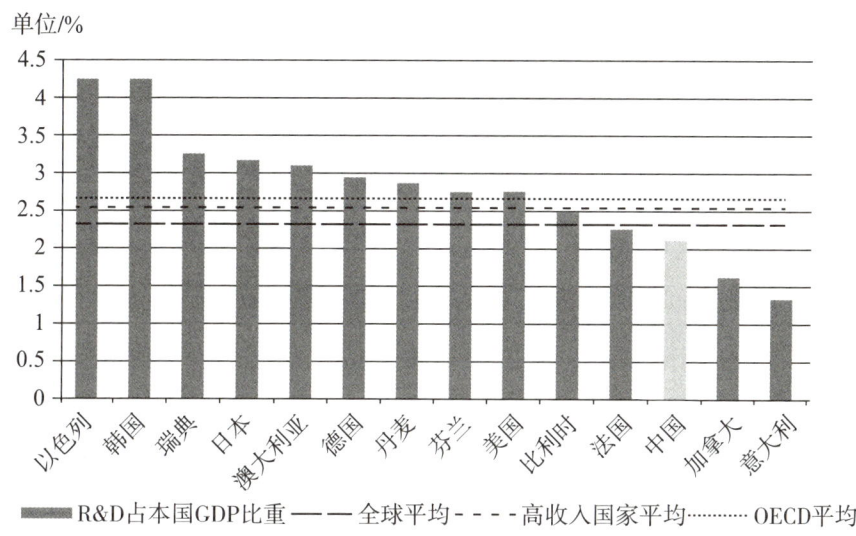

图8-1　2016年部分国家研究与发展投入占国内生产总值(GDP)的比重

注:数据源于世界银行集团(World Bank Group)。

## 二、推进高校科研体制改革与创新的国内背景

中国有创新引领世界的辉煌历史,"四大发明"都在我国产生并极大地推动经济社会和政治发展,也深刻地影响了西方文明进程,对人类社会的进步做出了巨大贡献。不可否认的是,我国曾有一段盲目自信的时期,不重视科研,更不重视成果转化。全球都在发生科技变革,不进步就要落后,落后就要挨打,科技进步成为建设现代化中国的唯一选择。

### (一)创新驱动发展战略是实现中国梦的重要途径

习近平总书记在2012年提出"实现中华民族伟大复兴"的中国梦,中国梦就是要实现"两个一百年"的奋斗目标。我们错过了前三次工业

革命，更要赶上新一轮的科技革命和产业变革，① 尤其是要发挥创新引领作用，深入实施创新驱动发展战略。改革开放以来，我国在科技发展上奋起直追，掌握了核电等一系列重要科技，还在杂交水稻等领域取得了重要突破，同时取得了天眼等基础科研设施投入使用、悟空等系列科学实验卫星发射成功等关键核心科技成就。2017年，我国创新指数为196.3（以2005年为100）②，比上年增长6.8%，是2005年的近两倍；其中创新环境、投入、产出和成效指数分别达203.6、182.8、236.5、162.2；技术合同金额1.34千亿元，增长17.7%，研究与发展人员全时当量403.4万人年，位居全球第一；研究与发展投入1.76千亿元，位居全球第二。成果转化上，如杂交水稻已累计推广90多亿亩，截至2017年，共增产稻谷6 000多亿公斤，③ 使得仅用全球7%的耕地养活占全球人口数20%的中国人口成为现实。科技的发展阻止了我国国内生产总值在国际排名的短暂下滑，并持续走高（图8-2），2010年第一次超过日本成为世界第二大经济体；2017年国内生产总值总量达122 427.76亿美元，是1980年（1 894.01亿美元）的64.64倍，是同年全球第三大经济体日本国内生产总值（48 844.9亿美元）的2.51倍。科技进步、社会发展、经济飞跃，政治地位也相应提高，近年来我国在全球话语权上的增强有目共睹。正如改革开放40周年庆祝大会上习总书记说，"我们党引

---

① 新华网. 中共中央国务院隆重举行国家科学技术奖励大会 习近平出席大会并为最高奖获得者等颁奖［EB/OL］.（2019-01-08）［2019-03-12］. http://www.xinhuanet.com/politics/2019-01/08/c_1123961500.htm.

② 2017年中国创新指数为196.3 创新推动高质量发展的作用进一步凸显［EB/OL］.（2018-12-12）［2019-03-12］. http://www.stats.gov.cn/tjsj/zxfb/201812/t20181212_1638964.html.

③ 改革开放40周年庆祝专题：杂交水稻研究的开创者袁隆平获得改革先锋称号［N］. 人民日报，2018-12-18（3）.

领人民绘就了一幅波澜壮阔、气势恢宏的历史画卷"。①我们赶上了工业4.0，5G技术也走上了历史舞台。因此我国更应该继续加大对研究与发展投入，使已取得的成就得到巩固。

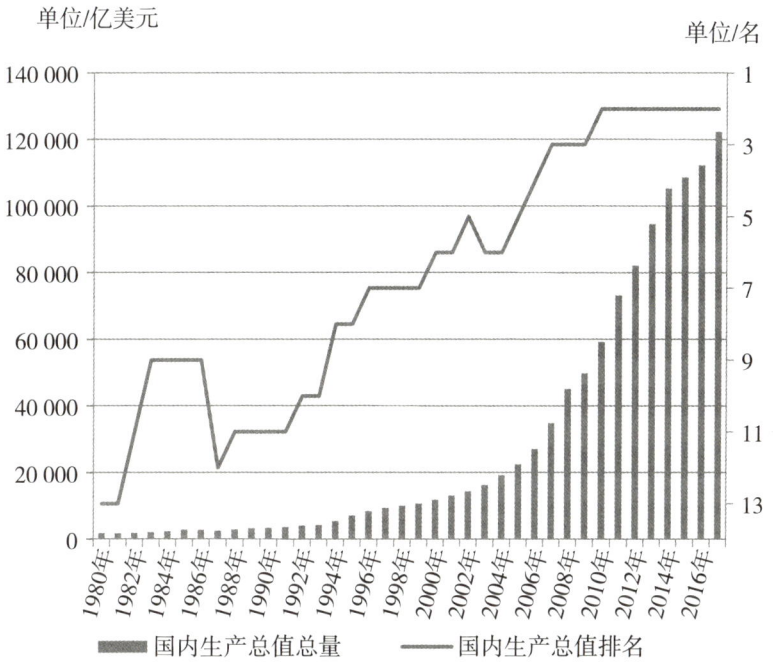

图8-2　1980—2017年我国国内生产总值总量及在全球排名

注：数据来源于世界银行集团。

（二）营造创新优良生态是调动积极性的理性选择

科技创新在经济社会发展中发挥着引擎作用，而改革则起着点火器作用。② 2019年《政府工作报告》提出"大力优化创新生态，调动各类主体积极性"，《中华人民共和国国民经济和社会发展第十四个五年规划和2035年远景目标纲要》明确指出，要激发人才创新活力，优化创新创业创造生态。为国家实施创新驱动发展战略，营造良好生态圈。

---

① 习近平．在庆祝改革开放40周年大会上的讲话［N］．光明日报，2018-12-19（01）．
② 陈凌．跑出创新"加速度"［N］．人民日报，2019-03-08（09）．

第一，国家为科技创新、成果转化提供法律支持。目前我国科技转化相关法律主要包括《中华人民共和国专利法》（2020年10月修订）（以下简称《专利法》）、《中华人民共和国促进科技成果转化法》（2015年修订）（以下简称《成果转化法》）。而且国家与时俱进，根据外部环境变化、试点成功经验等适时对法条进行适当修订。《专利法》自1984年实施起已修订4次，主要对专利申请登记各个程序做出相应规定，其中第六条规定职务发明的所有权人为单位，对专利权归属有约定的，从其约定。2017年两会上，63位代表联名建议修改《专利法》第六条，这源于"小岗村"职务科技成果混合所有制试验的巨大成功。2020年10月，第十三届全国人大常委会第二十二次会议通过《专利法修正案（草案）》，在第十四条末增加"没有约定的，申请专利的权利属于发明人或设计人"条目。《成果转化法（1996年）》作为第一部成果转化法，对成果转化包括组织实施、保障措施、技术权益和法律责任等一系列过程进行详细规定，包括队伍建设、绩效考核评价体系、收入分配约束机制、产学研合作、孵化器及科技园等，在提高国家成果转化率上的作用相当于美国的《Bayh-Dole法案》。2015年的修订主要是提高激励程度，以转让、许可、作价投资等方式转化成果的科研人员奖励比例从不低于20%提高到不低于50%，自行转化、合作转化的职务科技成果，产业化转化成功后连续3—5年，每年获得不低于5%的营业利润。同时突出市场主体作用，提出在制订相关科技规划、计划和编制项目指南时要重视相关行业、企业意见，强调企业在科技成果转化中主体作用的发挥。鼓励建设公共研究开发平台、鼓励科技成果转化资金多元化。同时删掉成果转化需要国家评估、审批的条款。

第二，国家为科技创新、成果转化提供政策支持。中国政府在国家科技发展中的地位举足轻重,虽然科技发展较发达国家晚,尚未建立完备、系统的法律体系,但当下的相关政策和制度已大大填补法律的空白,充分保障国家科技发展。从目前来看,国家在创新专利、知识产权保护、成果转化机制、激励制度等方面都有具体可操作的举措。从1985年的《关于科学技术体制改革的决定》开始先后颁布了25项国家科技政策、14项科研机构改革政策(发文主体以中共中央、国务院为主),以及400多项具体配套政策(发文主体以科技部为主)。十八大以来相关科技管理及促进转化的主要政策(尤其是对于高校来说)有:2012年《中共中央国务院关于深化科技体制改革加快国家创新体系建设的意见》提出要提高科研院所和高校服务经济社会发展的能力,建立市场导向的技术创新机制;2014年《关于深化中央财政科技计划(专项、基金等)管理改革的方案》提出建立国家科技管理平台的具体内容;2016年、2017年均发布《建设大众创业万众创新示范平台的实施意见》,先后确定两批共120个双创示范平台;2018年《关于深化项目评审、人才评价、机构评估改革的意见》(以下简称《三评改革意见》)确定分类评价等"三评"改革;另外还颁布《关于进一步加强科研诚信建设的若干意见》《关于对知识产权(专利)领域严重失信主体开展联合惩戒的合作备忘录》等知识产权保护政策;2019年《关于扩大高校和科研院所科研相关自主权的若干规定》(以下简称《扩大自主权的若干规定》)通过精简行政审批和管理流程等措施给予高校更多科研自主权。

第三,国家为科技创新、成果转化提供资金支持。2016年、2017年,我国研究与发展经费支出占国内生产总值的比重分别为2.108%、2.129%;超过欧盟(28个成员国)平均占比(1.944%、1.963%),且总支出量早在2013年已超过欧盟平均占比;但低于经合组织平均值（2.342%、2.368%）。① 纵观近十年，我国研究与发展经费支出增速较快（图8-3），2017年我国研究与发展支出已达2007年的342%。虽然2017年研究与发展实际支出增速为近年最低，但仍达7.9%，超出经合组织国家平均研究与发展总支出增长率（3.8%）的2倍。2017年高校研究与发展支出比上年增长13.5%，相当于经合组织国家平均高校研究与发展支出增长率（1.6%）的8.4倍。

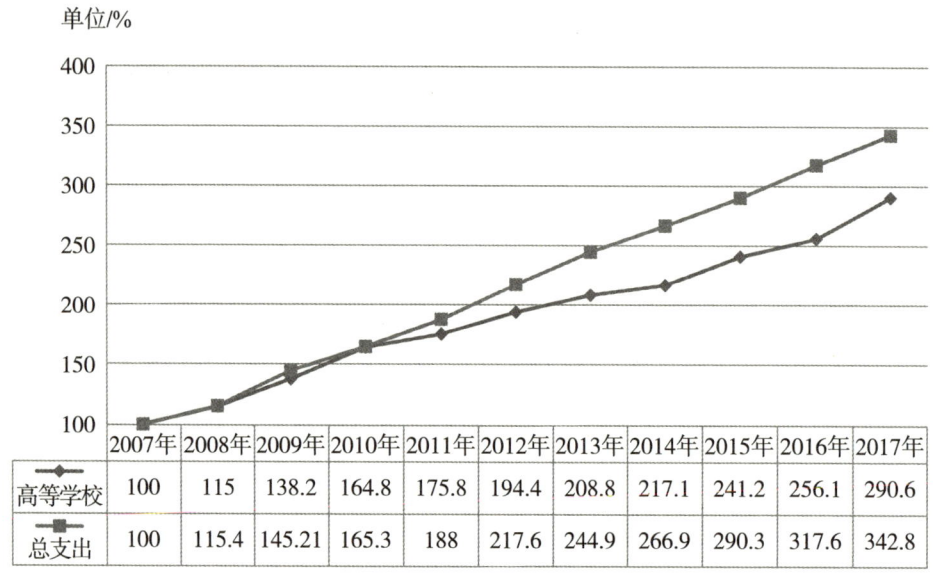

| | 2007年 | 2008年 | 2009年 | 2010年 | 2011年 | 2012年 | 2013年 | 2014年 | 2015年 | 2016年 | 2017年 |
|---|---|---|---|---|---|---|---|---|---|---|---|
| 高等学校 | 100 | 115 | 138.2 | 164.8 | 175.8 | 194.4 | 208.8 | 217.1 | 241.2 | 256.1 | 290.6 |
| 总支出 | 100 | 115.4 | 145.21 | 165.3 | 188 | 217.6 | 244.9 | 266.9 | 290.3 | 317.6 | 342.8 |

图8-3　2007—2017年我国研究与发展总支出及高校研究与发展支出在国内生产总值中的比重

注：数据来源于经合组织，以2007年的在国内生产总值中的比重为100计。

### （三）高校是实施创新驱动发展战略的主力军

中国拥有全球最大规模的高等教育，2019年在校生数达4 002万

---

① OECD. DATA［DB/OL］.［2019-10-02］. http://www.oecd.org/.

人，其中在学硕士生243.95万人，在学博士生42.42万人；另有教职工256.67万人，其中专任教师174.01万人。①

第一，高校拥有我国最多的科研创新人员。2018年我国高校研究与发展人员全时当量达26.71万人年，位居全球第一，其中科学家和工程师全时当量26.23万人年，还有研究与发展成果应用及科技服务全时当量3.5万人年。②

第二，高校科研成果产出及转化效益显著。2018年，高校包揽国家自然科学奖一等奖、国家技术发明奖一等奖、国家最高科学技术奖，并获92.9%的国家科学技术进步奖一等奖；82.6%的国家科学技术奖（224项）的主要完成单位为高校，为第一完成单位的占65.6%；此外，高校在国家自然科学奖、国家技术进步奖中作为主要完成单位和第一完成单位的分别占76.3%和75.5%、86.9%和59.1%。③ 2018年1 974所高校成功转让技术合同11 207项，合同金额达61.53亿元。④

第三，国家完善高校科研体系并给予相关自主权。在深入实施创新驱动发展战略、建设现代化国家过程中，高校是主要阵地和重要力量，国家为高校科研营造优良的创新生态，尤其是高校科研体制的改革和创

---

① 教育部. 2019年全国教育事业发展统计公报［EB/OL］.（2020-05-20）［2021-06-07］. http://www.moe.gov.cn/jyb_sjzl/sjzl_fztjgb/202005/t20200520_456751.html.

② 教育部科学技术司. 2019年高等学校科技统计资料汇编［G］. 北京：高等教育出版社，2020：4.

③ 教育部科学技术司. 高校获奖比例再创新高自然科学奖、技术发明奖（通用项目）一等奖均达100%：2018年度国家科学技术奖励高校获奖情况［EB/OL］.（2019-01-09）［2019-03-12］. http://www.moe.gov.cn/s78/A16/moe_789/201901/t20190109_366473.html.

④ 教育部科学技术司. 2019年高等学校科技统计资料汇编［G］. 北京：高等教育出版社，2020：82.

新。除《国务院关于印发实施〈中华人民共和国促进科技成果转化法〉若干规定的通知》赋予的自主权外,《高等学校科技成果转化和技术转移平台认定暂行办法》及配套《工作指导标准》《评估指标体系》完善高校科技成果转化的管理体制,鼓励探索形成适合自己的成果转化模式;并于2019年2月公布首批名单(22所部委直属高校、25所地方高校)。此外,教育部成立高校自主创新能力专项领导小组,提升高校关键领域高层次人才培养,加大关键核心技术攻关力度,增强自主创新能力;国家发布《扩大自主权的若干规定》完善科研制度体系,包括精简行政审批和管理流程、改革重大科技项目实施机制等,使高校获得更多科研自主权。《中华人民共和国国民经济和社会发展第十四个五年规划和2035年远景目标纲要》更强调,要给予科研单位和科研人员更多自主权。

## 第二节 推进高校科研体制改革与创新的现状与问题

国家重视高校创新的生力军作用，并逐渐完善高校科研体制，但仍存在保障体系不完善、组织机构不健全、激励制度不完善、经济服务不充分等难题，科研创新成果转化率始终偏低，科技创新与经济社会发展相脱节，"两张皮"现象依然严重，"最后一公里"依然没打通。近年来高校科技成果年均达1.5万项左右，但申请专利仅占4.5%左右，且转化成功率仅为10%—15%，远低于发达国家。①2018年，高校专利申请31.03万项，授权18.49万项，出售6 115项，其他知识产权2.51万项，转化率仅3.31%（仅计算出售）、16.87%（包括其他知识产权）。②部分高校转化率较高，但尚有部分高校科技零转化、成果零收入。以部属高校为例，2016年共签订合同2 143项，总金额241.5亿元；其中清华大学有合同500项，占所调查部属高校（65所）合同数的23.33%，合同金额52.2亿元，占所调查部属高校（65所）合同金额的21.63%；有8所部属高校签订合同0项，占12.3%。而世界一流大学高校转化率一般为22.5%—23.9%，例如，斯坦福大学的转化率一般保持在45%左右。③究其根本，我国科技成果转化的问题，实质是体制问题，现行科研体制亟待改革。

---

① 肖鹏，刘莉．校企联合研发模式推动科技成果转化的问题及对策研究［J］．科技进步与对策，2012（13）：19-23.
② 中华人民共和国教育部科学技术司．2019年高等学校科技统计资料汇编［G］．北京：高等教育出版社，2020：74-75.
③ 张雷生．打通高校科技成果转化"最后一公里"［N］．中国教育报，2018-06-13（2）．

## 一、保障体系初步形成，政府职能有待进一步调整

党的十八大提出"创新驱动发展战略"，并相继出台一系列相关政策以推动科技工作，成效显著。"十四五"时期，深入实施创新驱动发展战略，加强和巩固创新在我国现代化建设全局中的核心地位。当前，随着市场需求供给侧结构性改革的推进，我国急需进一步调整传统政府职能，加快建立服务型政府，深化放管服改革，激发创新主体活力。

### （一）市场导向作用体现不明显

国家重视科技发展上的宏观调控有助于国家重大研发计划的完成、国家核心技术的突破、重大原始创新研究的开展，但政府参与过多会造成市场调节的减弱，可能导致科技成果转化率较低。在市场需求供给侧结构性改革背景下，政府角色急需调整。

我国科技发展上的丰硕成果离不开政府的宏观调控，尤其是在重大关键技术和原始创新上的作用更加明显。一是科技管理方面，科技部"（十三五）科技计划体系"通过科技管理信息系统进行项目评估，教育部全国教育科学规划领导小组对重点课题给予专业指导和资金支持。二是促进转化方面，科技部"技术创新引导专项（基金）"提供专业转化服务，教育部《教育成果要报》提供成果分享平台。国家通过宏观调控引领科研方向，"973"计划、"863"计划等国家科研计划项目都成效显著。仅2018年就取得不少关键性突破：嫦娥四号成功登陆月球，鲲龙AG600水上首飞成功，首次发现并清晰观测纯的马约拉纳束缚态，首台散裂中子源投入运行等。2020年，嫦娥五号返回舱携带月球土壤成功着陆，标志着我国具备了地月往返能力，实现了"绕、落、回"三步走探月规划。2021年6月17日，神舟十二号搭载

三名航天员进驻太空空间站，标志着我国在太空的成就又迈出了坚实的一步。

但政府调控过多，容易造成研发过程中对市场发展的忽略、与实践的脱节，以致创新应用性差，成果转化率低。一是做大量无用创新，与生产实践相脱节、市场不需要的创新最终只能束之高阁，而且还有大量因不关注市场已有成果而造成重复研发的现象。2006年前我国农业科技成果转化率不超过40%，目前为50%左右，[①]但仍远远低于发达国家80%左右的水平。二是科技成果实践指导差，经济效益低，转化收益少。2017年，高校与科研院所转化收入超1亿元的成果虽增长55%，但仍仅31家。[②]要充分发挥市场的资源配置功能，才能让科技成果转化为强大生产力，诸如山东理工大学"无氯氟聚氨酯化学发泡剂"以5.2亿元转化，中科院工程热物理所成果的转化额超1千万元的有9项，以及中国农科院哈尔滨兽医研究所的成果也因满足市场需求而高价转化。

（二）资源保障及服务不充分

工业4.0的到来促进世界各国在科技发展上更加全力以赴，即使不求掌握在某个领域上的话语权也竭力避免被遗忘。各国为科技发展提供较为完整的政策体系保障，同时为其提供充足的财政经费保障、便利的行政服务保障，我国在这些方面都亟待加强。

第一，科研经费落实尚不到位导致研发资金保障不够。科技发展极

---

① 夏海勇，高华鑫. 浅析我国农业科技成果转化的现状、问题及对策［J］. 中国农业信息，2015（7）：22-24；39.
② 中国科技成果管理研究会，国家科技评估中心，中国科学技术信息研究所. 中国科技成果转化2018年度报告（高等院校与科研院所篇）［R］. 2019-02-28.

大地依赖资金，尤其是与重大原始创新有关的基础研究，需要投入大量资金。随着科技竞争的不断深化，市场竞争日益激烈，研发拨款日益增多，我国在科技上的领先地位依赖于持续的更多的投入。

我国在研发总投入上增速较快，2017年研发支出占国内生产总值的比重相当于2007年的3.5倍。2018年占国内生产总值（919 281亿元）的比重为1.05%。高校科技经费拨入2 052.69亿元，其中研究与发展拨入经费1 198.45亿元，研究与发展支出经费967.55亿元。[①] 但与其他国家相比仍显不足，远远无法满足高校作为创新驱动发展主阵地的研发需求：2014年占全国研究与发展人员14.3%[②]的高校（6.3万人）研究与发展经费内部支出仅占全国6.9%（898.1亿元），更无法与发达国家相比（图8-4）。相较来看，我国高校研究与发展投入不足，占国内生产总值的比重较低：2013年各国平均150.3亿美元，我国138.3亿美元；各国平均占比20.3%，我国仅7.2%。我国高校研究与发展经费投入远远不及美国（627.2亿美元），高校研究与发展经费占比最高的为加拿大（39.8%）。数据表明，我国科研资金保障的改革落实不到位，无法有力保证科技创新成果的产生。

---

[①] 教育部科学技术司. 2019年高等学校科技统计资料汇编［G］. 北京：高等教育出版社，2020：14、22.
[②] 教育部，科技部. 中国普通高校创新能力监测报告2016［M］. 北京：科学技术文献出版社，2016：12.

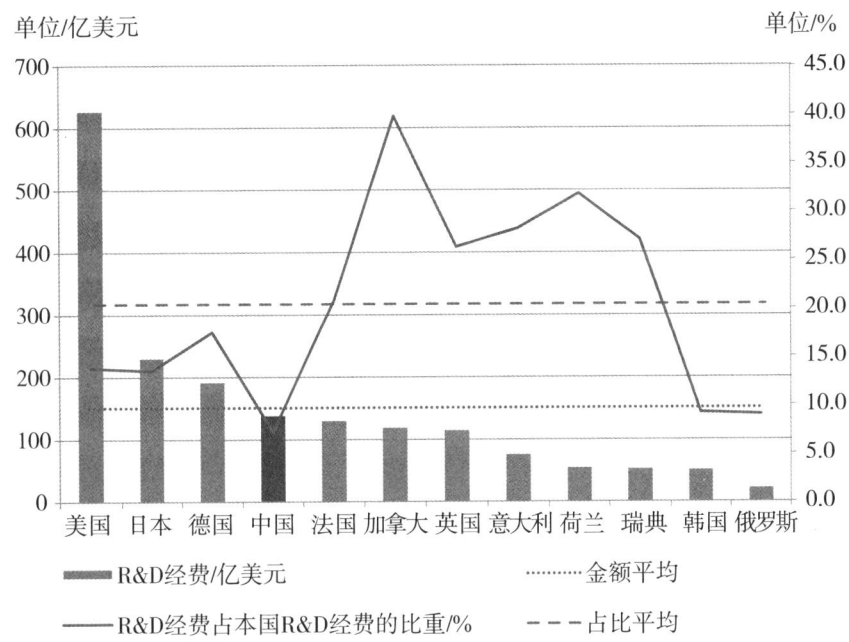

图8-4 2013年部分国家高校研究与发展经费及占本国研究与发展经费比重

注：数据来源于《中国普通高校创新能力监测报告2016》，其中美国的数据时间为2012年。

第二，行政管理程序繁杂致使科研人员研发受限较大。随着时代发展和市场变革，十八大强调深入实施创新驱动发展战略，十九大指出提升科技支撑能力。2018年5月，习近平总书记在两院院士大会上提出要把科学家的手脚从繁文缛节、无穷的报表和审批中解放出来。[①]2019年3月国家发布《扩大自主权的若干规定》。即使整体政策如此明朗，但具体到院校层面开展管理仍存在极大的路径依赖，改革落实不到位。制度改革需要政府发挥作用，更需要行政部门及高校努力去实施真正的管理变革。

---

① 新华社评论员. 深化体制改革激发创新活力：三论学习贯彻习近平总书记的两院院士大会重要讲话[EB/OL].（2018-05-30）[2019-03-12]. http://www.gov.cn/xinwen/2018-05/30/content_5294895.htm.

完备便利的配套保障服务能够极大提高科技创新成果的转化率。2016年，国家部署的八大创新改革区域在改革（包括产权保护、军民融合、管理创新、金融创新、激励机制等）创新上获得较大成功，完善科技服务保障能极大调动科技成果的研发创新性和转化积极性，国务院已决定复制推广更多试点。①《国务院办公厅关于建设第二批大众创业万众创新示范平台的实施意见》中提到要深化"放管服"改革，鼓励双创平台设立行政审批机构并实现"三个集中"（审批职责、审批事项、审批环节）以优化服务，促进创新和提高科技成果转化率。2019年政府工作报告指出不能让科技体制改革举措停留于纸面，而要切实地去除烦苛，让科研人员潜心研究。

行政保障不足导致成果转化率低，不仅是对科研人员的消耗、科技创新成果的浪费，更是国家经济发展的损失。研发是一系列复杂、专业的工作的集合，科技创新、成果转化的全过程都包含人、财、物三大主体，包括政府、科研单位、科研人员、企业等相关利益者，贯穿于项目立项、研究过程、专利申报、成果评估、专利授权、市场推广、签订合同、投入生产、收益分配等全流程。国内科研人员均没有设置秘书或者助理，全靠科研人员自己负责流程运营，有些创新研发人员限于烦琐的审批流程而放弃专利，有些好发明因为专利申报书写不好而无缘专利，甚至因为立项申报的耗时，一些好想法被扼杀在申报之前，极大地限制创新。

---

① 国务院办公厅关于推广第二批支持创新相关改革举措的通知[J]. 中华人民共和国国务院公报，2019（2）：20-21.

## 二、组织机制基本建立，成果转化水平有待进一步提升

组织是个体或群体之间的协调行动系统。场动力理论认为，个体与组织内他人共同作用形成组织的环境场，而组织内个人的心理场是与组织环境场相互作用的结果。我国高校成果转化率低即是体制、组织、人员长期相互影响下的必然结果，我国高校研发组织还不完善，急需进一步提升以提高科研成果转化率。

### （一）科研人员流动大以致队伍建设稳定性差

组织机制稳定就是组织制度、结构、人员的一贯性，尤其是科研组织的稳定性与创新正相关。[①]80.3%的项目负责人认为"缺乏有力的团队支撑"制约创新。[②]但现状是大量科研组织没有固定研究队伍，高层次人才流动性大，储备不足，服务人员不够，极大影响创新。

科研队伍自主稳定有助于持续创新。国家大力支持科研队伍的稳定，《三评改革意见》规定国家实验室等全职科研人员由中央财政给予中长期目标导向的持续稳定经费支持。自主稳定的组织自发性强，自行组织、演化，形成有序的结构性系统成员凝聚力更强；人员流动性保持可控、人才储备随时满足需求的组织，成果持续性更强。

2018年，我国各类高校研发机构10 853个，R&D人员139 475人年，其中高级职称80 146人年，占比57.46%；中级职称44 119人年（31.63%）；初级职称11 307人年（8.11%），其他人员3 901人年（2.80%）。[③]高级职

---

[①] 汤莉，杜善重. 团队稳定性与企业创新：来自中国家族上市公司的经验证据［J］. 科技进步与对策，2018（10）：73-81.
[②] 中华人民共和国教育部，中华人民共和国科学技术部. 中国普通高校创新能力监测报告2016［G］. 北京：科学技术文献出版社，2016：44.
[③] 教育部科学技术司. 2019年高等学校科技统计资料汇编［G］. 北京：高等教育出版社，2020：32.

称研究与发展人员比例高有利于机构发展、成果产出。同时表明后备人员不足,专门从事服务的人员十分缺乏,研发人员无法潜心研究,而是被"行政的烦琐"绑架。有些研发人员离职后,缺乏能继续进行后续研究的人员,造成研发资源和已有成果的浪费。有些地区尤其是中西部高校高层次人才"引不进、留不住"的现象依然突出;几乎所有研发机构科研服务人员的流动性均较高,缺口巨大。

### (二)转化机构缺乏导致产权保护弱且转化率低

专业技术转移机构(Technology Licensing Office,TLO)承担成果转化包括专利申请、市场分析、成果分享、技术评估、推荐转让、市场推广和产业化等一系列具体的技术转让专业指导和服务,有利于加快科技成果的转化速度。国内专业技术转移机构极度缺乏、市场供给不足,导致科研机构转化能力不强、知识产权保护制度不完善。

专业技术转移机构的设立能大幅提高技术成果转化率。美国研究型大学均有专门的技术转移机构,下设研究管理、技术风险、知识产权、合作研究和商业开发等部门,对研发全过程跟踪管理;还尝试与企业合建转移机构,如斯坦福大学的"硅谷模式"及国家航空航天局(NASA)的专利转移模式;此外还有国家技术转让中心、联邦实验室技术转移联合体两个公营技术转移机构和六个区域技术转移中心(东南、中部、东北部、中大西洋区、中西部、西部)及其附属机构。日本《大学等技术转移促进法》给了技术转移机构在专利申请上的优先权、申请费用上的优惠权,在成果转化链上几乎承担了从成果研发到产业化生产中的所有环节,甚至包括成果宣传、企业融资等;并持续聘请教授兼职担任技术顾问,聘请同时掌握法律、市场营销、财务、投资等的复合型专业人才担任专职转化人员。发达国家专业技术转移机构尤其重视提供知识产权运营服务及科技情报的建立，将科技成果共享系统化甚至法制化。

但我国的专业技术转移机构十分缺乏，成果转化存在产权保护不足、成果推广不够等问题。截至2015年，全国仅573所高校建立技术成果转化与扩散机构，312所高校建立技术成果转化与扩散网站①，仍然十分薄弱。一是知识产权没有被充分保护，维权难，极大影响科研人员转化积极性。调查发现，64.7%的项目负责人认为成果知识产权归属纠纷是制约产学研创新的因素。② 只有通过知识产权保护确定成果的独占性和排他性，才能真正激发科研人员对其科研成果的转化积极性，在这里中科院知识产权运营管理中心的经验值得借鉴。二是收益分配纠纷多，产权归属不清晰造成收益分配不对等，科研人员创新积极性不高。以色列、日本的技术转移机构还提供收益分配服务，大幅提高转化率。三是人员专业度不够，发挥作用有限。2017年，高校共设立263家专业技术转移机构（仅占所调查高校的9.5%），仅19家被评价有重要作用，③ 懂转化、懂市场的复合型人才缺口巨大。

### （三）激励制度落实不到位致使创新活力不足

人才是科技创新的第一资源。激发创新主体——人才的活力关乎创新成果的产出，最终关乎国家发展。国家在法律、政策上多次提到科研人员的激励、评价机制。《深化科技体制改革实施方案》要求对科技人员施行分类评价，强调激励政策的激励性。《关于深化项目评审、人

---

① ② 中华人民共和国教育部，中华人民共和国科学技术部. 中国普通高校创新能力监测报告2016 [M]. 北京：科学技术文献出版社，2016：44.
③ 中国科技成果管理研究会，国家科技评估中心，中国科学技术信息研究所. 中国科技成果转化2018年度报告（高等院校与科研院所编）[R]. 2019-02-28.

才评价、机构评估改革的意见》(简称《意见》)强调克服唯论文、唯职称、唯学历、唯奖项倾向,强调尊重实际贡献,强调分类评价,强调科学评聘等。《深化新时代教育评价改革总体方案》更是提出坚决克服唯分数、唯升学、唯文凭、唯论文、唯帽子的顽瘴痼疾。但实践中存在滞后且落实不到位的问题,未能充分激发科研人员的创新积极性。

激发人才创新活力需要激励政策的有效落实来保证。2017年研究与发展人员所得现金、股权奖励达47亿元,增长24%;奖励研究与发展人员6.2万人次,人均奖励7.6万元,增长近24%。① 激励机制的有效性直接影响科技创新度和成果转化率,决定着创新成果从实验室到生产线的可能性和转化周期。一方面加大奖励力度。中南大学将70%转化收益作为奖励,中科院下属合肥物质科研院奖励现金近2亿元,南方科技大学转化主要贡献人员人均奖励股权达1 180万元,沈阳工业大学奖励5%"黄金股",西南交通大学的奖励方式为"股权+现金"混合所有制。另一方面纳入评聘。中科院自动化研究所也将成果转化绩效作为重要考核评价指标,浙江省农科院将成果转化所得纳入职称评定依据。更强的激励政策最终收获更高的转化率:黄河科技学院将转化净收益90%作为奖励,近三年承担项目2 562个,总金额2 496.5万元,是在这方面最出色的民办学校;2017年辽宁省成果转化优异人员享受评聘"绿色通道",共促进高校、科研院所转化成果3 774项,转化率达53.7%,金额491亿元。②

但激励制度落实不到位的问题依然突出。通过对3 626名项目负责人的调查发现,86.7%的项目负责人认为"缺乏激励机制"是影响产学

---

① ② 中国科技成果管理研究会,国家科技评估中心,中国科学技术信息研究所. 中国科技成果转化2018年度报告(高等院校与科研院所编)[R]. 2019-02-28.

研合作发展创新的制约因素，74.9%的人认为"缺乏合理的收益分配方案"是制约因素，72.1%的项目负责人认为将科技创新、成果转化"纳入职称晋升条件"能激发创新。① 影响产学研合作发展创新的原因主要有以下三个方面。一是有些政策规定的激励方式没有实现。科研人员获得学校年终绩效奖励的占59.2%，成果转化纳入职称评定的概率只有45.3%，获得技术转让收入提成奖励的仅29.7%；尤其是转让收入税收减免激励仅实现15.3%，② 其原因是享受税收优惠的备案程序复杂，行政部门间存在执行差异，导致由持股平台转化的成果难以享受税收递延等优惠政策。二是提成奖励没有落实。院校层面没有制定与国家政策相对应的实施方案，科研人员在收益分配中存在分歧和顾虑，影响创新主体积极性和科技成果转化率。三是"五唯"现象依然存在。各高校在理念上"重科研、轻推广"，在评价和职称评聘中主要关注项目申请和论文发表数量，成果转化激励性评价体系尚未落实。

### 三、经济服务成效初显，协同创新有待进一步增强

协同创新是知识爆炸时代顺应多边主义、自由贸易等潮流进行科技创新的必然选择。科技日新月异，"闭门造车、出门合辙"的时代不再。开放式创新需要在创新过程中充分整合、利用机构和市场有价值的资源，并建立内部分享机制，③ 而协同则强调各施所长、分工合作。当前我国科研机构普遍开放度较低，市场服务能力差，同行协同度、市场协

---

① ② 中华人民共和国教育部，中华人民共和国科学技术部. 中国普通高校创新能力监测报告2016 [M]. 北京：科学技术文献出版社，2016：44、70.
③ Chesbrough H. Open innovation: the new imperative for creating and profiting from technology [M]. Boston: Harvard Business School Press, 2003.

同度都有待加强。

## （一）科研开放度低且同行与市场协同较少

工业4.0是一系列全新的科学技术革命，很多关键技术都是跨学科、跨领域的，很多重点技术是行业产业化的，只有主动打破学科壁垒，主动从象牙塔走入市场，才能有突破性创新，才能将创新产业化，促进经济发展。

加大开放度，扩大国家间、学科间、市场间的合作是工业4.0时代进行科研创新的必然选择。一是推动同行协同加快攻克重大核心技术。"高等学校创新能力提升计划"首批认证14家协同创新中心，面向科学前沿、面向文化传承创新、面向行业产业、面向区域发展开展国家急需的研发工作，如2019年3月山东大学与北京航空航天大学共建虚拟现实联合实验室，合作推进虚拟现实技术的创新应用开发。二是关注国际、市场趋势并广泛地开展国际化、市场化的合作以加快掌握关键核心技术。美国《2016—2045年新兴科技趋势报告》[①]强调20个最紧要的科技发展领域，这些领域都需要最大范围地运用国际资源，最广泛地调动市场资源。

国内高校研发机构的开放度尚不容乐观，同行协同、市场协同性差。学科间、国家间的同行协同度低。2018年，我国高校共有研发机构10 853个，其中81.72%（8 869个）为本校独办，校际联合仅占4.10%（445个），与国内企业合办的为13.14%（1 423个），与国外企业机构合办的仅约1%（116个）；高校共有研发项目57.63万项，国际级项目验

---

① Future Scout LLC. Emerging Science and Technology Trends: 2016–2045—A Synthesis of Leading Forecasts［R］. Office of the Deputy Assistant Secretary of the Army (Research & Technology), 2016.4.

收仅占0.58%（3 214项）。①且绝大部分机构由单一学科人员组成，跨学科交流、合作较少。从2005年开始，在研究与发展经费内部支出占比中，基础研究稳步增长（23.4%—39.53%），试验发展占比持续减少（25%—11.95%）。基础研究是"国之重器"——原始创新的基础，占比增大是好事。但试验发展的减少则直接表明我们与市场的联系在减少。在科技创新中市场参与较晚或不参与，则可能导致科技成果商品化可能性降低、产业化周期加长、科研成本提高、经济收益减少等问题。

（二）双创平台实力弱且师生与企业受惠少

大学科技园、产业创业园、工程技术（研究）中心等双创平台是培育双创人才、孵化高新技术企业的平台。在一系列举措推动下双创平台在促进科技成果转化、服务经济发展上取得了一些成果，但从全国看，市场主导作用还没充分发挥，多方协同服务师生机制还不完善，双创平台服务经济能力尚未完全发挥。

创新链、产业链融合发展，产学研深入合作，双创平台运营良好可大幅创造可观经济效益，推动社会科技进程。要充分重视市场的科研导向作用，发挥市场的创新资源配置功能。产学研深度合作主要体现在以下两个方面。一是一些大学发展出有特色的产学研合作融合体系。四川大学华西医院研发、临床相结合，北京大学"企业投资基础研究＋专利转让"协同，沈阳化工大学实现订单式转化，中科院形成大学—产业—政府协作的三螺旋。②二是一批新型科技园、创业园、孵化器等双创平

---

① 教育部科学技术司. 2019年高等学校科技统计资料汇编［G］. 北京:高等教育出版社，2020：40、46、74.
② 柳萍. 我国科技成果转化的三螺旋模式研究［J］. 科学学研究，2011（8）：1129-1134.

台成立。深圳清华研究院官—产—学—研—资相结合，逐渐建设成为科技创新孵化器；① 黄河科技学院特色产业园区和众创空间推进教育、科技、金融、孵化"四链"融合；中关村、杭州城西科创、青岛蓝谷、徐汇光启等形成区域创新中心；同时国家还在规划建设一批新的区域创新中心（雄安新区、粤港澳大湾区、杭州数字湾区等）。

从全国看，产学研融合度不够，受惠师生比例较低；产学研体制创新度不够，双创平台孵化企业少，实效低。2015年调查显示，41%的高校学生到稳定合作企业实训的机会低于50%，仅30%的高校的学生受惠率达80%以上。② 大部分双创平台位于东、中部，西部地区师生、企业受惠极少。虽然北大科技园、清华科技园等都孵化形成一批高新技术企业，但没有像硅谷那样能孵化出如惠普等众多一流知名企业的平台，部分双创平台与市场联系不密切、师生创业热情不高、服务体系不完善、有效成果供给不足、企业入驻率不高的问题突出。

---

① 林强，姜彦福，王德保，等. 科技创新孵化器的管理模式研究：以深圳清华大学研究院为例 [J]. 科学学与科学技术管理，2003（8）：16-21.
② 中华人民共和国教育部，中华人民共和国科学技术部. 中国普通高校创新能力监测报告2016 [M]. 北京：科学技术文献出版社，2016：12.

## 第三节　推进科研体制改革与创新的动向与策略

激发创新活力、促进成果转化，关键在科研体制改革，实质是打通堵点、缓解痛点、突破难点，有加有减做好一分改革、有收有放强化九分落实，使高校成为创新策源地和促进成果转化的优良生态圈，显著增强支撑经济社会发展的能力。

### 一、加强科研组织建设，健全科研支撑体系

健全高等学校科研支撑体系，完善高等学校自主科研稳定支持机制，支持高等学校稳定基本科研队伍，积极构建开放协同高效的现代大学科研组织机制，推进科技资源开放共享。一是组建自主稳定的研究队伍。完善科研队伍的人员结构，全面构建研究人员职称以高级职称居多、年龄以中青年为主、分工明确、协同合作的队伍结构；加快培养科研后备军，拓展项目育人的途径与方式，保证充足的创新人才后备力量，保证研究的持续性；加快建设带头人公开遴选制度，重视同行评议，考评胜任力，增强团队凝聚力和向心力。二是构建开放协同的组织机制。加强跨学科创新合作，吸引跨学科复合型人才，采用跨学科研究方法；加大跨单位合作力度，加快优秀人才引进进度，尤其是外籍或海外留学人才；扩大国际创新合作，充分统筹国内外优质资源，深化"一带一路"倡议务实合作；深化与港澳台创新合作及交流；密切与企业的联系，保证供给高质量、应用型创新成果；重视市场导向，提高成果转化速率。三是推进科技资源开放共享。搭建科研成果数据开放平台，充分分享创新成果，加速面向社会、面向产业的成果推广；及时获取市场

科技信息，互联互通，统筹利用各种资源；稳妥推进我国创新技术安全可靠地走向国际市场。四是深化"放管服"改革，转变政府职能。推动全面落实国家科技体制改革，减少行政差异；加快进行与政策相适应的管理变革，去除烦苛、松绑放权，扩大科研人员在财物支配、技术路线决策等方面的自主权。五是加大科研资金投入力度。丰富科研资金支持方式，充分利用各种基金、强化融资等多元化方式扩大投资、保障研发费用；提高国家对高校研究与发展的项目拨款，加强地方政府对本地高校科研创新资金援助。建立完善的科研支撑体系，是高等学校科研机构良好运行的基础和前提，必须加快落实。

## 二、实施灵活激励机制，激发创新主体活力

完善激励政策，突出创新导向，分类评价从事不同创新活动的科技人员，鼓励持续研究和长期积累。一要加快落实激励政策。各部门、各单位尽快按照国家对科研创新人员的激励政策制定适合本部门、本单位的激励制度，及时掌握国家政策方向，及时调整与国家政策不符的现行规定；相关部门要及时调整办事流程，真正落实科研创新人员的递延纳税等税收优惠、奖励金额不纳入总工资额度等其他激励方式，解决在持股平台转化金额的税收优惠问题；切实落实将创新及成果转化绩效纳入评聘、考核、晋升条件的政策。二要加大激励力度。职务创新成果成功转化后，发明人或主要贡献人应得奖励额度提高到50%，在成本可控范围内最大限度激发创新主体活力；创新成果转化实现产业化后，提高发明人或主要贡献人抽取的利润比例，抽取比例可达5%，或延长抽取利润年限。三要创建灵活激励机制。给予优秀的外籍、留学归国及国内优秀人才在落户、住房、子女就学等方面的实质激励；推行股权、提成等

物质奖励与荣誉、头衔等精神奖励相结合的奖励方式，适当设置提高团队薪酬、给予带薪休假等多元化激励方式。四要加快落实分类评价。尽快调整高等学校人才评价理念，加快克服唯学历、唯论文、唯职称、唯奖项、唯帽子的人才评价机制，对在科研创新团队中从事不同工作的人员实现分类评价；加快制定适合本部门、本单位的分类评价制度和标准，逐步推进和落实分类评价考核机制改革。五要注重激励制度的有效性。制定能有效激发积极性、创新性的制度，避免边缘递减效应发生，最大限度激发创新活力，促进成果转化。

### 三、明确知识产权归属，加大知识产权保护力度

推动高等学校建立知识产权运营专门队伍，强化知识产权创造、保护和运用。一是增设一批高校专门知识产权运营管理部门。大部分成果的知识产权没有得到保护是当前科技成果转化率低的重要原因之一；多数高等学校的研发人员没有专业的知识产权知识，造成一些创新发明没有申请知识产权而超出法律保护范围。应尽快建立一批产权专门运营部门，为科研团队提供专业的知识产权申请、保护、运用、服务、维权等专业服务。二是加快建设知识产权运营队伍。知识产权运营是一系列复杂的工作。需聘请具有知识产权知识、懂转化懂专利、有市场营销能力等技能的专业人员担任产权申请、运营责任人。三是明确知识产权归属。知识产权归属明晰才能最大限度激发主动性。要尽快明确适合本部门、本单位的知识产权归属制度，尽快修改与国家政策不符的产权规定，加大创新发明人的产权激励，最大限度给予和保护发明人、主要贡献者的知识产权，避免因产权归属不清而导致的"学校不负责、教授不积极"的问题，激发创新活力，促进成果转化。四是建立知识产权维

权、申诉机构。加快改变知识产权被侵犯后的维权难问题，建立知识产权维权、申诉机构，加快联系仲裁、司法机构，解决科技成果展等场景下知识产权难以保护的问题。五是加大产权侵犯惩罚力度。尽快落实国家政策，健全对侵犯知识产权失信主体的惩罚和赔偿制度，严厉打击学术不端、侵权行为，全面加强知识产权保护。

### 四、增设技术转移机构，加强成果转化服务

完善科技成果转化登记、收益分配制度和服务保障体系。一要增建一批专业技术转移机构。科技成果转化是一个系列工程，具有专业度高，复杂性强，行政审批过程中涉及部门多、跨度大、流程多、耗时长等特点，急需建立一批能发挥作用的专业技术转移机构，把科研人员从烦琐的流程、冗长的表格中解放松绑，让他们潜心研究，激发他们的创新活力和转化积极性。二要建立专业转移服务队伍。聘请懂技术的学科领域权威担任成果评价、鉴定的专家，聘请懂转化、懂专利、能组织、会管理、熟悉市场运营、掌握风险投资等法律、金融、管理方面的复合型人才担任创新成果转化经纪人，聘请执行力强、能解决转化实践问题的人员担任转化代理人。三要鼓励建设多元化技术转移机构。可由多所高校合作建设或由当地政府牵头建立由市场运营的多元主体组成的专业技术转移机构。鼓励建设部门提供成果转化流程中的某一项专门服务的机构，如科技成果知识产权运营机构、第三方评价机构、市场推广与营销机构等，加强创新链与产业链的联系。四要完善科技成果收益分配制度。提供产权申请服务，明确产权归属，减少分配纠纷；可提供收益分配服务，收益分配纠纷调解、申诉，联系仲裁、司法等的指导与服务；原则上，科技成果的收益分配制度应在扣除成本后，最大限度让创新成

果发明人、主要贡献人获益。五要加快建设服务保障体系。政府为专业技术转移机构开设快速通道，加快专利申请，缩短转化周期；加快建设多部门、跨领域合作的三个全集中技术转移机构模式，提供创新成果一条龙服务，实现科技成果一站式转化；积极探索适合本区域、本部门、本单位的专业技术转移机构模式，加快推广复制已有的技术转移机构成功经验，提供高水平技术转移服务。

### 五、依托多样双创平台，强化服务经济能力

强化高等学校科技服务职能，充分利用大学科技园、产业创业园和工程技术（研究）中心等平台，为师生创新创业提供支持与服务。一要政府支持建立科技园等双创平台。国家或当地政府为大学双创平台建设加大资金投入，增强行政服务，提高土地、税收、水电燃气等优惠政策，以提供优惠券、服务券等方式吸引国内外知名企业、校办企业、当地企业等入驻，加快建设双创平台；统筹建设西部地区双创平台。二要创新产学研融合模式。促进产学研一体化，变革已有模式，探索能最大限度发挥自身特色的创新模式，鼓励复制推广成功的试点经验，适度加大项目式教学比例，创设并增加师生到合作企业实训的机会。三要广泛运用双创平台开展双创教育。从平台聘请成功的创业人士开设多样化双创课堂；组织学生到双创平台实地参观；为有意愿到双创平台创新创业的师生提供专业指导和房租、水电优惠，鼓励师生双创。四要重视市场主体作用。充分发挥市场的资源配置功能，让更有经济效益的创新创业能够获得更多优质资源，促进创新，加快产业化；完善资源共享、信息分享等校企协同方式，在成果转化过程中重视企业的建议。五要提供高水平服务。为双创平台内的企业提供行政便利，简化行政管理流程，加

快行政审批速度，支持或合作建设服务双创平台的专业技术转移机构，提供知识产权运营等指导和服务，营造优良的创新生态圈，提高服务水平，加大服务力度，最大限度助推社会经济服务能力。

### 六、发挥学科集群优势，形成区域科创中心

发挥高等学校学科集群优势，推动创新要素集群发展，产业链、创新链融合发展，形成一批区域科技创新中心。一是优化创新要素集聚的制度机制。政府参与规划与宣传，扩大市场知晓度；政府提供审批绿色通道、行政便利、土地优惠等，提高区域诱惑力；建立多部门协同的专业技术转移机构来提供集中服务，加强支撑保障；加快建立人才吸引制度，为掌握核心技术的国内外优秀创新人才提供优厚的薪酬条件，以及住房、职称头衔、解决落户问题等优势条件；加快完善先行制度，全方位吸引企业、高校、人才等创新主体，统筹推进吸引创新要素集聚的区域科创中心建设。二是扩大国际合作，加强学科集群。大力发挥高校学科全面、集中的教育资源优势，最大范围整合国内外顶尖资源，打破学科壁垒、院校围墙、国别限制，充分强化学科间、国家间的合作；大力发挥高等学校人才资源优势，最大限度吸引全球优秀人才，扩大人才集群。三是加强产业链、创新链的融合发展。发挥市场导向作用，面向经济主战场、瞄准科技前沿、加快订单式转化，打造促进创新落地的支撑体系，推动成果产业化。四是注重原始创新。实行项目经费包干制，鼓励基础研究团队长期积累；广泛发挥学科集群优势，充分利用人才集群优势，走自主创新道路，争取颠覆性技术创新。五是区域推进、全面统筹。充分发挥地域优势，利用学科集群、人才集群、企业集群优势，重点发展高科技湾区，率先发展发达地区，加快发展欠发达地区。

# 后 记

本书是北京师范大学组织撰写的"中国教育现代化2035战略与政策研究丛书"中的一册,重点阐发和解读《中国教育现代化2035》提出的十大战略任务之一——"提升一流人才培养与创新能力"。本书尝试阐释了建设世界一流大学与一流学科、分类推动高校特色发展、加快发展现代职业教育、优化调整高等教育布局结构、优化人才培养结构、加强高校创新体系建设、提高高校哲学社会科学研究水平、推进高校科研体制改革与创新等八个方面内容,从当前面临的国际形势和国内背景出发,深入分析现状与问题,展望了各个方面的未来发展趋势,期冀对贯彻落实《中国教育现代化2035》、引导高校一流人才培养与创新能力提升、推进教育现代化建设有所裨益。

本书凝聚了团队的集体智慧和心血,整体框架由我和团队成员多次研讨形成。初稿撰写分工如下:第一章,北京理工大学乔刚;第二章,北京师范大学廖苑伶、周海涛;第三章,北京师范大学景安磊;第四章,北京师范大学李健;第五章,北京师范大学胡万山、周海涛;第六章,北京信息科技大学刘永林;第七章,北京师范大学王新凤;第八章,北京师范大学郑淑超、周海涛。最后由我修改、统稿和定稿,刘永林、郑淑超、廖苑伶、王倩、吴丽朦等人协助做了大量的审校工作。

在撰写过程中,为了能够更加全面阐发和解读《中国教育现代化

2035》，在国际形势与国内背景、基本现状与主要问题、以及发展走向与策略等方面，我们学习并参考了大量的政策文件、权威教育学著作、论文以及其他相关文献，在此谨向这些文献的作者和相关机构致以诚挚的谢意！同时，感谢北京师范大学教育学部为本书研究、撰写所给予的大力支持，感谢人民教育出版社各位编辑老师为本书编辑出版所付出的辛劳！

  本书是我们基于已有研究对我国一流人才培养与创新能力提升的思考探索，限于水平，一些浅见和不妥之处，恳请同行批评指教。

周海涛

2021年6月